하루 한번, 삶의 물음에
쇼펜하우어가 답하다

쇼펜하우어
아포리즘
365 일력

센시오

하루 한 번, 삶의 물음에 쇼펜하우어가 답하다

쇼펜하우어 아포리즘 365 일력

지은이 **아르투어 쇼펜하우어** *Arthur Schopenhauer*

평생 경제적으로 자유로웠으나 부모와 자신의 결혼을 포함해 단란한 가정과는 거리가 멀었던 사람. 플라톤과 칸트의 계승자이자 괴테와 바그너의 친구. 니체, 톨스토이, 아인슈타인, 헤르만 헤세, 버나드 쇼, 프로이트, 비트겐슈타인 등 수많은 천재가 '그의 지성에 빚을 졌다.'라고 고백한 우리 시대 최고의 마스터 마인드(Master Mind).

필생의 역작을 썼으나 외면당했고, 동료 교수 헤겔의 강의실이 미어지는 동안 자기 강의는 파리가 날리는 수모를 겪었다. 중년 이후 정착한 프랑크푸르트에서 아침 일곱 시에 일어나 냉수욕을 한 다음 오전에 책을 쓰고, 식사 전 플루트를 연주하고 점심 후엔 철학, 문학 고전을 탐독하고, 네 시에 푸들과 산책하고 저녁엔 연극이나 음악회를 관람하고 자기 전에 동양 경전을 읽는 정규 일과를 28년간 지속했다. 일찍부터 라틴어와 고대 그리스어를 익혔고, 프랑스어, 영어, 이탈리아어, 스페인어, 힌두어까지 능숙했다. 철학자이자 비평가, 문학평론가, 과학자, 종교학자이며, 철학뿐 아니라 문학, 수학, 화학, 물리학, 천문학, 생리학, 지질학, 해부학 등 분야를 망라한 전문가급의 수준 높은 지식을 쌓았다.

매일 만나는
쇼펜하우어
인생 상담소

"스스로 자긍심과 보람을 갖는 아름다운 삶을 가꾸라."

관직, 돈, 혜택과 갈채에 현혹되지 마라.

호라티우스는 친구 마이케나스에게 편지를 썼다.

"넥 솜눔 플레비스 라우도, 사툴 알틸리움, 넥 오티아 디피티스 아라붐 리베리마 무토,

소박한 음식으로 배를 채워도 천박한 자의 처소를 부러워 않고, 아랍의 부 전부를 준다고

해도 내 안락과 자유와는 바꾸지 않으리!"

He will not be misled by expectations of office, money, the favor and applause of his fellowmen, into surrendering himself; he will follow the advice that Horace gives to Maecenas "Nec somnum plebis laudo, satur altilium, nec Otia divitiis Arabum liberrima muto."

라틴어

쇼펜하우어 아포리즘 365 일력 활용하는 방법
How to Use

- 그간 발간된 관련 서적이나 온라인 자료 등에는 쇼펜하우어가 염세주의자 혹은 냉소적 철학자로 단편적으로 소개되었으나, 실제 그의 저작을 살펴보면 다양한 분야의 해박한 지식으로 풍성한 조언을 건넨다는 것을 알 수 있습니다. 언어와 분야를 망라해 펼쳐지는 다채로운 지성의 향연을 그대로 만끽할 수 있도록 구성했습니다.

- 모든 문장은 구텐베르크 프로젝트에 의해 영어로 번역된 쇼펜하우어 작품 전체에서 발췌해 편역했으며, 일부 영어 문장은 필요에 따라 축약하거나 중략했습니다.

- 라틴어, 그리스어, 프랑스어, 독일어, 스페인어, 이탈리아어 등 쇼펜하우어가 사랑하고 인용한 문장 원문을 그대로 가져왔으며, 해당 문장의 원어 발음은 QR코드를 인식해서 들을 수 있습니다.

- 일력에는 쇼펜하우어가 가장 사랑한 야곱 반 로이스달의 풍경화와 17세기 네덜란드 정물화를 삽입했습니다. 생전의 쇼펜하우어가 된 것처럼 마음으로 감상하며 하루를 열기 바랍니다.

편역·편집 **에이미 리**

30년간 편집자로 근무했다. 대형 출판사 편집 주간과 출판사 대표를 역임했다. 번역에 감각이 있어 틈틈이 영어 번역자로도 활동했다. 이번 쇼펜하우어 일력 집필을 위해 구텐베르크 프로젝트에 올라와 있는 쇼펜하우어의 영어 작품을 모두 살펴보았고, 이를 계기로 철학자 쇼펜하우어의 가치를 새삼 깨닫게 되었다. 쇼펜하우어의 아포리즘을 통해 위로받고 용기를 얻는 독자들이 더 많아지길 기대하는 마음이다.

12/30

"평화롭다면 무엇에도 흔들리고 휘둘릴 필요가 없어진다."

삶을 사랑하는 사람은 불안한 충동과 고통을 가져오는 희열 사이를
마구잡이로 오가지 않는다.

누구나 간절히 원하지만 갖기는 어려운 것,

즉 흔들리지 않는 평온함, 깊은 평정, 내면의 쾌활함이 있다.

It is not the restless strain of life, the jubilant delight which has keen suffering, in the experience of the man who loves life; but it is a peace cannot be shaken, a deep rest and inward serenity, a state cannot behold without the greatest longing .

JANUARY

*Wijdschip And Other Small Dutch Vessels At
The Mouth Of An Estuary*
- Jacob Salomonsz. van Ruysdael

Plan of Life

1월 | 인생 플랜

계획대로 풀리지 않아도 다 괜찮아

"나이가 성숙해 감에 따라서 정신 역시 무르익어야 마땅하다."

인생의 시점마다 독특한 정신적 특질이 있다.

볼테르는 말했다.

"키 나 파 르 스피 드 손 아지, 드 손 아지 아투 르 말르흐,

정신이 자기 나이와 맞지 않는 건 퍽 불행한 일이다."

There is a very fine saying of Voltaire's to the effect that every age of life has its own peculiar mental character,
as Voltaire said "Qui n'a pas l'esprit de son âge, De son âge atout le malheur."

프랑스어

"한 해를 계획하면서 최우선 목표로 할 것은 건강이다."

통상 행복의 9할은 건강에 달려 있다.

건강하면 만사가 기쁨의 원천이 되지만, 건강하지 않으면 무엇도 즐겁지 않다.

개인적 축복, 위대한 정신, 행복한 기질도 건강이 없으면 쇠락하고 쪼그라든다.

In general nine-tenths of our happiness depends upon health alone. With health everything is a source of pleasure; without it nothing else, whatever it may be, is enjoyable, even the other personal blessings, a great mind, a happy temperament-are degraded and dwarfed for want of it.

12/28

"삶이 저물 때조차 숭고하게 받아들이면 삶은 더욱 아름답게 빛난다."

인생의 황혼인 죽음에 대한 그리스인의 사고는 피렌체 미술관에 있는

멋진 석관石棺 유적으로 짐작할 수 있다.

거기엔 결혼식의 아름다운 부부가 히멘의 등불을 받으며 삶의 황혼에 집으로 돌아가는

모습이 새겨 있다. 죽음으로도 사라지지 않는 생의 의지를 보여준다.

Greek idea of death presented on a fine antique sarcophagus in the gallery of Florence, the whole series of ceremonies, from the formal offer to the evening when Hymen's torch lights the happy couple home. Affirmation of the will to live, which remains sure of life for all time, however rapidly its forms may change.

"당신이 할 바를 다한 다음, 나머지는 운에 맡기라."

고대 작가가 한 말은 진실로 진리다.

세상에는 세 개의 위대한 힘이 있다.

"서니토스, 크레이토스, 투추, 총명함, 도전정신, 그리고 운."

나는 그중 마지막 것이 가장 힘이 세다고 생각한다.

An ancient writer says, very truly, that there are three great powers in the world "sunetos, kratos, tuchu."
I think the last is the most efficacious.

그리스어

12/27

"깊이 숙고하면 깨닫게 될 것이다, 우리 안에 신이 있음을."

우리 안에 있는 본성을 언어로 설명해야 한다면,

힌두교 우파니샤드 성전聖典 마하바캬의 위대한 말이 동원되어야 할 것이다.

"타트 트왐 아씨, 그대가 바로 신성 자체다."

If we had to communicate to the observer, for reflection, and in a word, the explanation of their inner nature, it would be best to make use of that Sanscrit formula which occurs so often in the sacred books of the Hindoos, and is called Mahavakya, i.e., the great word "Tat twam asi."

힌디어

"때를 지켜서 오만하거나 넘치지 않게 인생을 경영하라."

삶은 매우 옹색한 비즈니스이니 좋을 때 더 엄격히 경영해야 한다.

젊음은 여유로우니 가진 걸 아끼고 지키라.

가을에 잎이 떨어지듯 나이 들면 즐거움도 떨어진다.

겨울까지 푸르름을 유지하면 때가 되어 명예가 쌓인다.

명성은 여름에 수고해 성탄에 즐기는 수확과 같다.

Life is such a poor business that the strictest economy must be exercised in its good things. Youth has enough, must rest content with what it has. But when the delights and joys of life fall away in old age as the leaves from a tree in autumn, fame buds forth opportunely like a plant that is green in winter. Fame is the fruit that must grow all the summer before it can be enjoyed at Yule.

12/26

"사랑은 모든 동기 중에서도 가장 강하고 힘이 넘친다."

비극적이든 희극적이든,

사랑이라는 궁극의 지향은 인간 삶의 다른 목적보다 훨씬 중요하다.

사랑은 심오한 진지함을 완벽하게 누릴 자격이 있다.

The ultimate aim of all love-affairs, whether they be of a tragic or comic nature, is really more important than all other aims in human life, and therefore is perfectly deserving of that profound seriousness with which it is pursued.

1/4

"관계를 단순하게 하는 것만으로 영혼이 건강해진다."

프랑스 소설가 생피에르는 절식이 건강에 좋으며

사회생활에도 절식이 필요하다고 조언한다.

"라 디에트 데즈 엘망스 노 렝 라 상태 듀 코, 에 셀 데즈 옴므 라 트엉키리테 드 람,

절식하면 건강이 좋아지듯이 사회활동도 자제하면 영혼의 평안에 도움이 된다."

Bernardin de Saint Pierre has the very excellent and pertinent remark that to be sparing in regard to food is a means of health; in regard to society, a means of tranquillity "la diète des ailmens nous rend la santé du corps, et celle des hommes la tranquillité de l'âme."

프랑스어

12/25

"고통받는 인간이라는 유대감이 감정이입을 만들어 낸다."

다른 인간에게 인간으로 사는 비참함을 봄으로써, 우리는 동정심을 품는다.

자비와 박애가 싹튼다. 시기심은 사라지고,

고통스럽던 이웃이 기쁨이나 안도감을 되찾는 걸 보며

진심으로 기뻐한다.

It is in their person that we become aware of human misery; we are filled with sympathy; and the result of this mood is general benevolence, philanthropy. All envy vanishes, and instead of feeling it, we are rejoiced when we see one of our tormented fellow-creatures experience any pleasure or relief.

1/5

"번잡하고 시끄러운 삶에서 빠져나와도 된다, 그래도 살아진다."

자족적인 삶, 고즈넉하고 소란 없는 고독한 삶은 모든 위대한 지성의 운명이다.

그들은 삶이 주는 두 가지 불운인 비탄과 고독 중 견디기 쉬운 쪽을 택했다.

그리고 시간이 흐를수록 더욱 자신 있게 말한다.

"사페레 오드, 용기 내서 그대로 밀고 나가라."

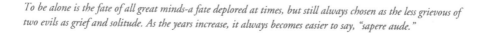

To be alone is the fate of all great minds-a fate deplored at times, but still always chosen as the less grievous of two evils as grief and solitude. As the years increase, it always becomes easier to say, "sapere aude."

라틴어

12/24

"사랑은 고려나 선택할 필요가 없는 강렬한 감정이다."

처음 본 누군가가 사랑할 사람인지 한눈에 알아보는 건 인류의 종 특징이다.

위대한 열정은 첫눈에 반해 생겨나는 것 같다.

셰익스피어 희극 '뜻대로 하세요'에 나오는 구절처럼.

"첫눈에 빠지지 않는다면 과연 사랑이라 할 수 있을까?"

It is the spirit of the species alone that can see at a glance of what value the beloved one is to it for its purposes. Moreover, great passions, as a rule, originate at first sight "Who ever lov'd, that lov'd not at first sight." SHAKESPEARE, 'As You Like It'.

"현재에 발을 딛고 미래를 계획하라. 과거는 생각할 필요 없다."

인생을 지혜롭게 사는 법 하나.

현재에 관한 생각과 미래에 관한 생각을 적절히 배분한다.

어느 한쪽에 과도하게 집중해도 안 되고, 다른 한쪽에 너무 소홀해도 곤란하다.

Wise conduct of life is to preserve a proper proportion between our thought for the present and our thought for the future; in order not to spoil the one by paying over-great attention to the other.

"사랑은 이기심과 나약함을 넘어서는 힘을 준다."

사랑은 무기력한 상황에도 위험을 감수하고 용기를 내게 만든다.
연극이나 소설에서 연인이 서로를 위해 싸우고, 오직 사익을 위해 악다구니하는
늙은이를 물리치는 걸 보는 건 얼마나 기쁜가!

Man will willingly risk every kind of danger, and even become courageous, although he may otherwise be faint-hearted. What a delight we take in watching, either in a play or novel, two young lovers fighting for each other and their defeat of the old people, who had only in view the welfare of the individual!

1/7

"그대 자신, 당신이 가야 할 길을 아는 것이 우선이다."

인생은 건축과 같으므로 설계도를 잘 검토하고, 대들보 놓는 중대한 시기엔
엉뚱한 길로 가지 않도록 스스로 자극하고 각성하고 실행해야 한다.
그리스 델포이 신전에 새겨진 격언을 명심하라.
"그노티 서어톤, 너 자신을 알라!"

If he maps out important work for himself on great lines, a glance at this miniature plan of his life will, more than anything else stimulate, rouse and ennoble him, urge him on to action and keep him from false paths. He must have applied the maxim "Gnothi seauton."

그리스어

12/22

"사랑은 우리를 영원히 살게 만드는 강렬한 힘이다."

사랑에 빠진 사람은 왜 상대에게 헌신하며 어떤 희생도 기꺼이 감수할까?

다른 갈망은 인간 필멸必滅의 영역이지만,

사랑하는 이를 향한 갈망은 인간 불멸不滅의 영역이기 때문이다.

Why is a lover so absolutely devoted to every look and turn of his beloved, and ready to make any kind of sacrifice for her? Because the immortal part of him is yearning for her; it is only the mortal part of him that longs for everything else.

1/8

"인간의 삶은 아직 집행을 맞지 않은 사형수와도 같다."

신기하게도 인간은 끝에 뭐가 기다리는지 알면서도 나이 먹기를 갈망한다.

안타깝지만 인생의 시나리오는 분명하다.

'오늘은 나쁘지만, 내일은 더 나빠진다.

최악의 결말까지 이것이 계속된다."

Nevertheless, every man desires to reach old age; in other words, a state of life of which it may be said "It is bad to-day, and it will be worse to-morrow; and so on till the worst of all."

12/21

"충만한 삶을 만들어 줄 내면의 부유함을 쌓아가라."

운명은 잔인하고, 인간은 애처롭다.

세상 사람들이 서리와 눈이 내리는 차디찬 12월의 밤을 견디는 동안, 내면이 부유한

사람은 크리스마스를 맞아 밝고 따뜻하고 행복한 방에 있다.

Fate is cruel, and mankind is pitiable. In such a world as this, a man who is rich in himself is like a bright, warm, happy room at Christmastide, while without are the frost and snow of a December night.

1/9

"인생은 폭풍과 좌절의 연속, 그러나 쓰러지지 말고 나아가라."

폭풍의 징조로 지평선에 구름이 보이기만 해도,

위축되고 무기력해지고 굴복하는 나약한 영혼이여.

그대의 좌우명은 '임전 불퇴'!

삶의 병폐에 굴복하지 말고, 불운으로부터 새로운 용기를 얻을지니.

It is a cowardly soul that shrinks or grows faint and despondent as soon as the storm begins to gather, or even when the first cloud appears on the horizon. Our motto should be 'No Surrender' and far from yielding to the ills of life, let us take fresh courage from misfortune.

12 / 20

"타인의 평온을 배려하는 것은 예의 중의 예의다."

유럽 각국 지식인은 "방해하지 말라."라는 열한 번째 계명을 두어야 한다고 주장한다.

소음은 생각을 훼방할 뿐 아니라 분산시키기에 방해 중 가장 무례하다.

방해가 없는 곳일수록 소음은 감지되지 않는다.

The most intelligent of all the European nations has called "Never interrupt" the eleventh commandment. But noise is the most impertinent of all interruptions, for it not only interrupts our own thoughts but disperses them. Where, however, there is nothing to interrupt, noise naturally will not be felt particularly.

1/10

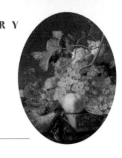

"우연의 여정을 두려워 마라, 거기 진짜 지혜가 있다."

우리는 종종 막연한 탐구로 시작해 의도치 않던 엉뚱한 길에 접어든다.

간절히 바라던 덧없고 허황한 무언가 대신,

생기 있고 영속적인 축복을 통해 경험, 통찰, 지식을 얻고,

기쁨, 행복, 즐거움을 만끽한다.

We often find on a very different path from that on which we began a vain search. Instead of finding, as we expected, pleasure, happiness, joy, we get experience, insight, knowledge a real and permanent blessing, instead of a fleeting and illusory one.

"지성을 보여주고 싶다면 웅변보다 침묵을 택하라."

침묵은 신중함, 웅변은 허영과 관련이 있다.

지성을 보이고 싶으면 말을 내뱉는 데 신중하라.

안타깝게도 사람들은 침묵이 주는 영구적인 이점보다 말을 내뱉는 데서 오는 일시적
만족감을 택한다.

It is more advisable to show your intelligence by saying nothing than by speaking out; for silence is a matter of prudence, whilst speech has something in it of vanity. But the fleeting satisfaction afforded by speech is often preferred to the permanent advantage secured by silence.

1 / 11

"당신이 어찌 생각하든 세상과 사건은 그저 존재하고 일어난다."

사람들은 내가 진실을 말하기 때문에 나의 철학을 불편해한다.

그들은 신이 만물을 좋게 창조하셨음을 믿고 싶어 한다.

그렇다면 사제에게 가서 달콤한 말이나 청하라.

이 철학자는 평화롭게 그만 놔두고.

I shall be told, I suppose, that my philosophy is comfortless — because I speak the truth; and people prefer to be assured that everything the Lord has made is good. Go to the priests then, and leave philosophers in peace!

12/18

"그대는 누군가의 친구가 될까, 적이 될까, 이방인이 될까."

야생에서 평생 고독하게 살던 두 사내가 마주쳤다, 어떻게 할 것인가?

홉스, 푸펜도르프, 루소가 각기 다른 답을 했다.

푸펜도르프는 친구가 될 거라 했고, 홉스는 적이 될 거라 했으며, 루소는 침묵 속에

지나칠 거라 했다. 모두 옳고, 모두 틀렸다.

What two men who lived a solitary life in the wilds and met each other for the first time. Hobbes, Pufendorf, and Rousseau have given different answers. Pufendorf believed they would approach as friends; Hobbes, as enemies; Rousseau, they would pass each other by In silence. All three are both right and wrong.

1/12

"당신을 땔감으로 삼아 화력을 유지하려는 자들을 조심하라."

사회에 오염되거나 쓸데없이 분노하지 않으려면,

너무 가까이 접촉하지 않는 것이 최선의 방책이다.

사회는 불과 같으니, 스스로 불에 타면서도 불평하고 화내는 바보와 달리

지혜로운 사람은 적당한 거리를 둔다.

This precaution will keep you from too close contact with society, and therefore secure you against being contaminated or even outraged by it. Society is like a fire, the wise man warming himself at a proper distance from it; not coming too close, like the fool who on getting scorched, loud in his complaint that the fire burns.

12/17

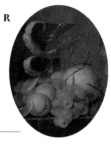

"삶은 고통이니, 모든 이들은 등을 기대고 서로 지탱해야 마땅하다."

삶에서 가장 필요한 것은 관용, 인내, 배려, 서로를 향한 사랑이다.

인생을 사는 우리 모두는 어려움에 봉착해 있으며, 존재 자체로 서로에게 빚을 지고 있기

때문이다.

The most necessary thing in life–the tolerance, patience, regard, and love of neighbor, of which everyone stands in need, and which, therefore, every man owes to his fellow.

1/13

"힘을 기르고 그것이 잘 쓰일 곳을 지혜롭게 선택하라."

우리 안의 성취력을 실현하는 유일한 방법은

자신만이 가진 개인적 자질을 잘 발전시키고,

그것을 가장 유리하게 쓸 수 있는 적합한 지위, 직업, 삶의 방식을

현명하게 선택하는 것이다.

The only thing that stands in our power to achieve is to make the most advantageous use possible of the personal qualities we possess, and play consequently to choose the position, occupation and manner of life which are most suitable for their development.

"깨달음의 햇살이 비추면 미몽에서 날뛰던 환영이 사라진다."

본성과 처절한 투쟁 뒤에 마침내 그걸 극복한 사람은 순수하게 인식하는 존재, 세계를 비추는 맑은 거울로 남는다. 더 이상 불안하거나 동요하지 않는다.

그를 세상에 묶어두고 고통을 자아내는 욕망, 두려움, 시기, 분노와 이리저리 끌어당기는 욕구의 수천 갈래 실타래를 끊어냈기 때문이다.

Such a man who after many bitter struggles with his own nature, has finally conquered entirely, continues to exist only as a pure, knowing being, the undimmed mirror of the world. Nothing can trouble him more, nothing can move him, cut all the thousand cords of will, such as desire, fear, envy, anger, drag us hither and thither in constant pain.

1/14

"설득하고 싶다면 말의 온도를 낮춰 차분하게 접근하라."

당신 주장이 받아들여지길 원하면 열정을 빼고 차분하게 표현하라.

모든 종류의 격렬함은 의지를 의미한다.

당신의 판단에 열의가 담기면 사람들은 그걸 지식의 표출이라 여기지 않고

의지의 열망으로 받아들인다.

지식의 표출은 본래 차분하고 무감하다.

If you want your judgment to be accepted, express it coolly and without passion. All violence has its seat in the will; and if your judgment is expressed with vehemence, people will consider it an effort of will, and not the outcome of knowledge, which is in its nature cold and unimpassioned.

12/15

"쾌락은 누구를 위한 것인가, 당신인가 당신의 희망 사항인가."

흔히 행복이라 일컫는 만족의 본질은 긍정적이 아니라 부정적이다.

우리에게 진짜 만족으로 오지 않고 소망에게 오기 때문이다.

쾌락이 생기는 이유는 소망이 있었기 때문이다.

소망을 만족시키면 쾌락도 더 이상 존재할 이유가 없다.

All satisfaction, or happiness, is always really and essentially only negative, never positive. It is not an original gratification coming to us of itself, but must always be the satisfaction of a wish. The wish, some want, is the condition which precedes every pleasure. But with the satisfaction the wish and therefore the pleasure cease.

1/15

"권태를 벗으려는 시도는 부질없고 고독은 행복의 조건이다."

우리는 많은 이들이 같이 겪는 불행을 더 잘 견디는 경향이 있다.

권태가 대표적으로, 사람들은 뭉쳐서 함께 퇴치하려 애쓴다.

삶을 향한 사랑의 밑바닥에 죽음을 향한 두려움이 있듯,

모이고자 하는 충동은 모임 자체가 좋아서가 아니라 고독이 두려워 생겨난다.

We can more easily bear up under evils which fall upon a great many people besides ourselves. As boredom seems to be an evil of this kind, people band together to offer it a common resistance. The love of life is at bottom only the fear of death; the social impulse does not rest directly upon the love of society, but upon the fear of solitude.

12/14

"무엇으로도 과거를 바꿀 수 없다, 오직 미래만 바꿀 뿐이다."

세네카는 죄의 처벌에 관해 플라톤의 견해와 부합하는 짧은 명언을 남겼다.

"네모 프루덴스 푸니트, 퀴아 페카툼 에스트; 세드 네 페체투르, 현명한 사람은 이미 범한 죄로 벌하지 않는다. 오직 앞으로 죄를 범하지 않게 하려고 벌한다."

Seneca expresses Plato's opinion and the theory of all punishment in the short sentence "Nemo prudens punit, quia peccatum est; sed ne peccetur."

라틴어

1/16

"잡기만 하면 멋진 삶으로 데려가 줄 무언가, 그것이 바로 허상이다."

이탈리아 당나귀처럼 사는 인생도 있다.

머리 위 막대기에 달린 건초를 먹으려 계속 달리고 달린다.

그들은 존재 전체가 늘 망상 상태에 있는데, 눈앞에 있는 잡힐 듯한 허상을 좇느라

지치도록 달리다가 생을 마감하고 만다.

Those like donkeys in Italy, whose pace may be hurried by fixing a stick on their heads with a wisp of hay; this is always just in front of them, and they keep on trying to get it. Such people are in a constant state of illusion as to their whole existence; they go on living ad interim, until at last they die.

12/13

"감정은 진심을 표현하는 데 아무 도움이 되지 않는다."

타인에게 큰소리치거나 증오를 내비치는 것은 쓸모없고 위험하며 어리석고 저속하다.

분노와 증오는 그대 내면 외에 어디에도 보여선 안 된다.

감정 때문에 오해를 낳지 않게 되고, 제대로 행동하는 데에도 효과적이다.

To speak angrily to a person, to show your hatred, is an unnecessary proceeding- dangerous, foolish, ridiculous, and vulgar. Anger and hatred should never be shown otherwise than in what you do, and feelings will be all the more effective in action, in so far as you avoid the exhibition of them in any other way.

1/17

"행복의 한계를 정해두는 일은 의외로 위안과 안심을 준다."

세상이 줄 수 있는 최상은 고통에서 자유로운 존재로

조용히 견디는 삶임을 깨달아야 한다.

확실히 가질 수 있는 것만 요구해야 한다.

비참해지지 않을 가장 안전한 방법은 엄청난 행복을 기대하지 않는 것이다.

We see that the best the world has to offer is an existence free from pain-a quiet, tolerable life; and we confine our claims to this, as to something we can more surely hope to achieve. For the safest way of not being very miserable is not to expect to be very happy.

12/12

"세상을 설명하는 다양한 시선을 접하고 지혜를 배우라."

힌두교 창조신은 실수로 세상을 만들었다고 한다.

그래서 어리석음을 속죄하려 인류가 구원을 얻을 때까지 세상에 머문다.

불교 교리는 열반 상태인 천상의 고요함에서, 알 수 없는 혼란으로 인해 갑자기 세상이

생겨났다고 가르친다.

Brahma is said to have produced the world by a kind of fall or mistake; and in order to atone for his folly, he is bound to remain in it himself until he works out his redemption. According to the doctrines of Buddhism, the world came into being as the result of some inexplicable disturbance in the heavenly calm of Nirvana.

1/18

"성공한 자의 말과 행동을 따라 하라는 달콤한 유혹을 뿌리쳐라."

타인을 행동의 규범으로 삼아선 곤란하다.

지위나 상황이 같지 않고 서로 기질도 달라서 사람은 저마다 독특함과 색조가 특별하다.

오랜 격언이 알려준다.

"듀오 쿰 파치운트 이뎀, 논 에스트 이뎀, 똑같이 행동한다고 똑같아지는 게 아니다."

You ought never to take any man as a model for what you should do or leave undone; because position and circumstances are in no two cases alike, and difference of character gives a peculiar, individual tone to what a man does. "duo cum faciunt idem, non est idem".

라틴어

12/11

"어제를 후회하고 내일을 걱정하느라 현재를 낭비하지 마라."

동물이 사람보다 지혜로울 때가 있다.

현재를 조용하고 평온하게 즐기는 미덕이다.

동물조차 그럴진대,

인간이 불안과 불만으로 이끄는 생각과 걱정에 사로잡혀 있다는 게 부끄럽기 짝이 없다.

There is one respect in which brutes show real wisdom when compared with us — I mean, their quiet, placid enjoyment of the present moment. The tranquillity of mind which this seems to give them often puts us to shame for the many times we allow our thoughts and our cares to make us restless and discontented.

1/19

"불행과 불운을 피할 수 없다면, 그대 어떻게 살 것인가?"

우리 존재는 비통함과 불행으로 가득하며 늘 불운에 노출되어 있다.

조금만 주위를 둘러보면 인간이 얼마나 비참한지 안다.

비탄에 빠진 척박하고 무익한 존재가

고통에서 허우적대는 걸 언제든 볼 수 있으니.

Always remember our existence is full of woe and misery: and the ills to which we are exposed are innumerable. Wherever he be, a man need only cast a look around, to revive the sense of human misery: there before his eyes he can see mankind struggling and floundering in torment, all for the sake of a wretched existence, barren and unprofitable!

12/10

"다르다고 대립할 필요 없다, 각자 방식으로 살게 놔두라."

이기심이 다수의 안녕을 현저히 방해할 때만 국가가 나서야 한다.

아리스토텔레스가 말했다.

"피니스 치비타티스 에스트 베네 비베레, 혹 아우템 에스트 베아테 엣 풀크레 비베레,

국가의 목적은 사람들의 안녕이며, 모두가 행복하고 멋지게 살게 하는 것이다."

Thus the state which aims at well-being, only against the disadvantageous consequences, and reciprocally affect them all and disturb their well-being. Therefore it was already said by Aristotle "Finis civitatis est bene vivere, hoc autem est beate et pulchre vivere."

라틴어

"인생의 다채로움을 즐기되 너무 특별한 것을 기대하진 마라."

기분 내키는 대로 환경을 바꿔보라.

낯선 모험, 성공과 실패를 맛보라.

인생은 사탕 가게와 같아서 온갖 기상천외한 모양과 색의 신기한 것들을 선사하지만,

기본적으로 그것들은 모두 같은 반죽에서 나왔다.

Alter the circumstance as much as you please! point to strange adventures, successes, failures! life is like a sweet-shop, where there is a great variety of things, odd in shape and diverse in color-one and all made from the same paste.

12/9

"두려움이나 걱정에 계속 잡혀 있지 마라, 실체는 다 덧없이 사라졌다."

불쾌하고 무서운 꿈을 꿀 때를 떠올려 보라.

공포가 극에 달한 순간 잠에서 깨고, 깬 뒤에는 곧장 모든 끔찍한 형상과 기억이

사라진다. 인생도 꿈과 같다.

공포가 밀려오는 순간, 의식적으로 끊어내면 꿈에서 깼을 때와 똑같이 될 수 있다.

When, in some dreadful and ghastly dream, we reach the moment of greatest horror, it awakes us; thereby banishing all the hideous shapes that were born of the night. And life is a dream: when the moment of greatest horror compels us to break it off, the same thing happens.

1/21

"삶이 늘 즐거울까? 심드렁한 태도로 사는 것도 나쁠 건 없다."

어렸을 때는 삶이 마치 멀리서 본 극장 풍경처럼 흥미롭지만,

나이 들면 삶이 바로 코앞에서 똑같은 풍경이 이어지는 듯 지루하게 느껴진다.

인생 전반부의 특징이 행복을 향한 만족 없는 갈망이라면,

후반부의 특징은 불행에 대한 두려움이다.

So it may be said that in childhood, life looks like the scenery in a theatre, as you view it from a distance; and that in old age it is like the same scenery when you come up quite close to it. If the chief feature of the earlier half of life is a never-satisfied longing after happiness, the later half is characterized by the dread of misfortune.

12/8

"어린아이 같은 탐구 정신으로 인생을 사는 것은 어떨까."

일곱 살에 다 자라는 인간의 지적인 뇌는 일찍부터 발달을 시작해 완전히 성숙할 때까지 끊임없이 영양분을 찾아 주변 세계를 탐험한다.

그때는 존재 자체가 신선한 기쁨이며, 만물은 전부 새로운 매력으로 반짝인다.

The intellect-like the brain, which attains its full size in the seventh year, is developed early; and it explores the whole world of its surroundings in its constant search for nutriment: it is then that existence is in itself an ever fresh delight, and all things sparkle with the charm of novelty.

"자신만의 개성과 지적 탐구심은 행복의 중요한 조건이다."

풍부한 개체성이라는 귀한 선물, 훌륭한 지성의 소유권을 갖는 것은
의심의 여지 없이 지구상에서 가장 행복한 운명이다.
엄청나게 빛나는 운명은 아닐지 모르나, 가장 행복한 운명임은 자명하다.

Without doubt, the happiest destiny on earth is to have the rare gift of a rich individuality, and, more especially to be possessed of a good endowment of intellect; this is the happiest destiny, though it may not be, after all, a very brilliant one.

"삶의 분위기는 사건이 만드는 게 아니라 당신의 태도가 만든다."

쾌활한 사람에겐 흥미로운 장면이 우울한 기질을 가진 사람에겐 비극적인 장면이 된다.

무기력한 이들에게는 만사가 아무 의미 없는 것이 되고 만다.

A person of melancholy temperament will make a scene in a tragedy out of what appears to the sanguine man only in the light of an interesting conflict, and to a phlegmatic soul as something without any meaning.

1/23

"초조해할 필요 없다, 위기와 기회가 엎치락뒤치락하는 게 인생이다."

어떤 운명이 닥치든 크게 기뻐할 것도, 깊이 한탄할 것도 없다.

모두 계속 변하니 당신 운도 언제 어떻게 바뀔지 모른다.

애초에 한낱 인간은 자기한테 뭐가 좋고 나쁜지 분별할 능력 따위가 없다.

Whatever fate befalls you, do not give way to great rejoicings or great lamentations; partly because all things are full of change, and your fortune may turn at any moment; partly because men are so apt to be deceived in their judgment as to what is good or bad for them.

"우리 위에 군림하는 자들이 얼마나 형편없는지 상기하라."

도덕이나 지성 면에서 인간의 본성 격차는 매우 넓다.

그런데 사회는 그걸 무시하고 제거하거나, 그것과 무관한 인위적 차등 기준을 설정한다.

그 결과 본성이 낮은 이가 의미 없이 추켜 올라가고,

본성이 높은 이가 내리눌림으로써 울적해진다.

While Nature sets very wide differences between man and man in respect both of morality and of intellect, society disregards and effaces them; it sets up artificial differences, very often diametrically opposed to Nature establishes. The result of this arrangement is to elevate those whom Nature has placed low, and to depress the few who stand high.

1/24

"본능을 누르고 사는 삶은 죽음보다 더 비참하다."

지구 절반을 자유롭게 나다니던 새를 사방 80센티미터 새장에 가두면 어찌 될까?

자유를 갈망하고 부르짖다 서서히 죽음을 맞는다.

잠긴 우리에 가둔 새는 더 이상 즐거움을 위해 노래할 힘이 없다.

The bird which was made so that it might rove over half of the world, he shuts up into the space of a cubic foot, there to die a slow death in longing and crying for freedom; for in a cage it does not sing for the pleasure of it.

"목적의식, 성실함, 충만함과 감사함이라는 삶의 루틴을 만들라."

분별 있고 신중하게 살라.

경험에서 나온 가르침을 주기적으로 되새겨보라.

내가 한 일, 감흥과 감각, 그것으로 얻은 결과물과 만족감을 정리하는

주기적 요약 작업이 필요하다.

To live a life that shall be entirely prudent and discreet, and to draw from experience all the instruction, it is requisite to be constantly thinking back, to make a kind of recapitulation of what we have done, of our impressions and sensations-what we set before us and struggle to achieve, with the actual result and satisfaction we have obtained.

1/25

"인생이 선물을 주면 기쁘게 받고, 인생이 철퇴를 줘도 실망하지 마라."

인생은 항해와 같아서 '운'이라는 바람을 맞아 순항하거나 때로 항로를 벗어난다.

인간은 간신히 방향타를 잡고 열심히 애쓸 뿐이다.

노력이 도움이 될 때도 있지만, 갑작스레 파도가 몰아쳐 모든 게 사라질 수도 있다.

Life is like the voyage of a ship, where luck acts the part of the wind, and speeds the vessel on its way or drives it far out of its course. All that the man can do for himself is of little avail; like the rudder if worked hard and continuously, may help in the navigation of the ship; and yet all may be lost again by a sudden squall.

"당신의 여가, 당신의 오락은 지금 무엇으로 채워져 있는가?"

대다수의 오락에 무엇이 있을까?

감각적 쾌락이나 유치한 놀음 아니면, 권태와 무기력이다.

그렇게 허비되는 여가는 아무 가치가 없다.

이탈리아 시인 아리오스토는 말한다.

"오치오 룽고 두오미니 이뇨란티, 무지한 인간의 한가한 시간은 얼마나 비참한가!"

What does most people's leisure yield?-boredom and dullness; except, when it is occupied with sensual pleasure or folly. How little such leisure is worth may be seen in the way in which it is spent: as Ariosto observes "ozio lungo d'uomini ignoranti."

이탈리아어

1/26

"앞뒤를 재면서 망설이지 마라, 지금 할 수 있는 것을 하라."

운은 너무 늦게 오거나 모르는 사이 지나간다.

야심작을 준비하던 도중 대중의 취향이 바뀔 수도 있다.

애초에 관심도 없는 새로운 세대가 나타난다. 로마의 시인 호라티우스가 말했다.

"퀴드 에테르니스 미노렘 콘실리스 아니뭄 파티가스,

왜 영원까지 생각하느라 짧은 인간의 마음을 피곤케 하는가?"

Fortune has come too late or he has come too late for fortune, he wants to achieve great things in art or literature, the popular taste has changed, a new generation has grown up which takes no interest in his work; facts of life which Horace said "quid eternis minorem Consiliis animum fatigas?"

라틴어

"당신이 경험하고 만드는 것이 세상 하나뿐인 독특한 것이다."

고려할 제일 중요한 게 무엇일까? 나는 누구이며 내면에 무엇이 있는가? 바로 이것이다.

개체성은 언제 어디든 함께 하며, 경험하는 것에서 저마다 독특함을 창조한다.

모든 즐거움과 기쁨은 오롯이 자신에게서 나온다.

What a man is, and so what he has in his own person, is always the chief thing to consider; for his individuality accompanies him always and everywhere, and gives its color to all his experiences. In every kind of enjoyment and pleasure depends principally upon the man himself.

1/27

"지금도 충분히 잘하고 있다, 인생은 원래 불공평한 것이다."

인생에서 반드시 쟁취할 확고한 행복이 있다는 생각을 주입함으로써,

젊은이들은 불안과 우울에 시달린다.

'세상이 내게 많은 걸 줄 것이다.'라는 생각을 마음에서 없애고,

그게 잘못되었단 걸 제때 가르치면 훨씬 더 유익할 텐데.

What disturbs and depresses young people is the hunt for happiness on the firm assumption that it must be met with in life. Much would have been gained if, through timely advice and instruction, they could have had eradicated from their minds the erroneous notion that the world has a great deal to offer them.

12/2

"나라는 소우주가 사라지는 건 우주 전체가 사라지는 것이다."

인식하는 모든 개인은 실재한다.

살고자 하는 의지 전부, 세계의 즉각적 발현체다.

표상인 세계의 보강 요건으로 대우주 못지않게 평가받아야 하는 하나의 소우주다.

Every knowing individual is thus in truth, and finds itself as the whole will to live, or the inner being of the world itself, and also as the complemental condition of the world as idea, consequently as a microcosm which is of equal value with the macrocosm.

1/28

"자기 기준이 분명해야 드넓은 지식의 바다에서 헤매지 않는다."

과학적으로 사고하는 사람은 폭이 넓다.

많이 읽고 방대한 지식을 모아도 정신만은 확고하다.

모두를 동화시키고 자기 사상 체계에 통합한다.

광활하고 끝없이 성장하는 강인한 통찰력으로 통일성 있게 유기적으로 결합한다.

The scientific thinker also does to a much greater extent. Although he requires much knowledge and must read a great deal, his mind is nevertheless strong enough to overcome it all, to assimilate it, to incorporate it with the system of his thoughts, and to subordinate it to the organic relative unity of his insight, which is vast and ever-growing.

12/1

"찌푸리고 불평하는 대신 유쾌함으로 행복을 당겨오라."

다른 것이 은행 어음이라면, 유쾌함은 직접적·즉각적 이익을 주는 행복의 동전이다.

지금 바로 즉시 우리를 행복하게 하는 최고의 축복이다.

유쾌함을 유지하고 높이는 게 행복을 위한 노력의 지상 목표가 되어야 한다.

Cheerfulness is a direct and immediate gain, the very coin of happiness and not, like all else merely a cheque upon the bank; makes us immediately happy in the present moment, and that is the highest blessing. To secure and promote this feeling of cheerfulness should be the supreme aim of all our endeavors after happiness.

1/29

"허비하고 망설이고 준비만 하기엔 인생이 너무 짧다."

우리는 자주 자기한테 맞지 않는 걸 얻으려 종종거린다.

또한 무언가를 수년에 걸쳐 공들여 준비하느라,

끝까지 끌고 가지 못하거나

정작 이룬 다음에 만끽할 여력이 남지 않게 된다.

So we often toil for things which are no longer suited to us when we attain them; and again the years we spend in preparing for some work, unconsciously rob us of the power for carrying it out.

DECEMBER

Landscape with herdsmen and cattle (1665)
- Jacob Salomonsz. van Ruysdael

Love and Peace

12월 | 사 랑 과 평 화

온화한 사랑과 평온이 잔잔히 흐르는 삶

1/30

"기대하며 사는 것도 인생, 기대하지 않으며 사는 것도 인생."

젊었을 땐 세상에 행복과 즐거움이 넘치는데 내가 갖기 어려울 뿐이라고 여긴다.

그러나 나이가 들면 세상에 그런 건 없다는 걸 깨닫는다.

더 이상 집착하지 않고, 최대한 현재를 즐기고 사소한 것에서 즐거움을 찾으려 노력한다.

In youth, a man fancies that there is a prodigious amount of happiness and pleasure to be had in the world, only that it is difficult to come by it; whereas, when he becomes old, he knows that there is nothing of the kind; he makes his mind completely at ease on the matter, enjoys the present hour as well as he can, and even takes a pleasure in trifles.

"배움과 경험만이 유한한 인간이 누릴 수 있는 최상의 기쁨이자 행복이다."

가치 있는 인간은 자기가 운명의 손아귀에 있음을 부정하지 않으며, 가르침에 순종한다.

인생의 결실은 행복이 아니라 경험으로 얻는 걸 안다.

이탈리아 서정 시인 페트라르카는 읊조린다.

"알트로 딜레토 케 엠메파랄, 논 프로보, 내 극락의 기쁨은 오로지 배움 속에 있노라!"

Men of any worth soon come to see that they are in the hands of Fate, and gratefully submit to be moulded by its teachings. They recognize that the fruit of life is experience, and not happiness and in the end, they can say with Petrarch "Altro diletto che 'mparar, non provo".

이탈리아어

1/31

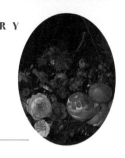

"고통과 권태를 오가는 시계추 같은 인생, 어떻게 살 것인가?"

삶의 두 가지 적敵은 고통과 권태다.

한쪽에서 멀어져 안도하면, 다른 하나와 가까워진다.

인생은 사실상 둘 사이를 오가는 다소 격렬한 진자운동이기 때문이다.

The two foes of human happiness are pain and boredom. We may go further, and say that in the degree in which we are fortunate enough to get away from the one, we approach the other. Life presents, in fact, a more or less violent oscillation between the two.

11/29

"먹고사는 것과 관계없는 예술이야말로 우리 삶을 살찌운다."

옥수수밭에 무심한 발길에 짓밟힌 잡초 무더기.

울긋불긋 다채로운 꽃이 얼마나 아름다운가!

열매도 없고 잡초라서 누구라도 뽑아버리려 한다.

문명사회에서 시와 예술이 바로 그런 신세다.

그러나 열매도 없고 이름도 없지만 절대 쓸모없지 않다.

In a field of corn, a place trampled down by some ruthless foot; I saw a multitude of different flowers, red and blue and violet, how pretty they looked with their little foliage! But they bear no fruit; they are mere weeds, suffered to remain only because there is no getting rid of them. They are emblematic of poetry and art in civic life, but still useful and not without its fruit.

FEBRUARY

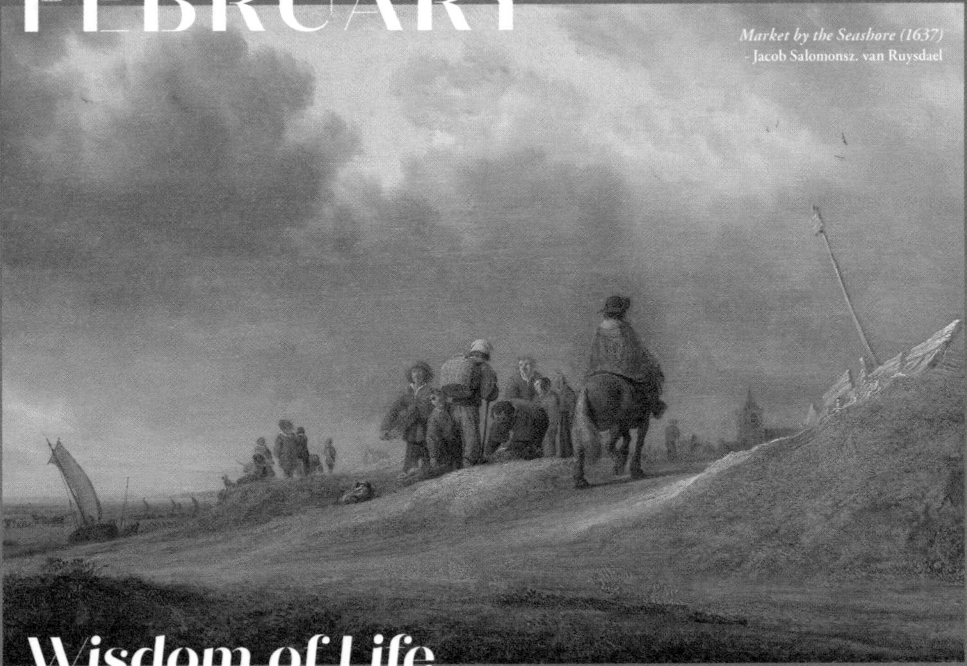

Market by the Seashore (1637)
- Jacob Salomonsz. van Ruysdael

Wisdom of Life

2월 | 지혜로운 삶

세상은 당신 뜻대로 움직이지 않는 법

11/28

"직접 경험하지 않으면 어렵게 느껴진다, 장벽을 허물라."

대중은 형태보다 재료에 더 관심을 둔다.

그래서 고급문화에 선뜻 다가서지 못한다.

문학 중 시詩가 대표적이다.

있는 그대로 음미하지 못하고 배경과 뜻을 알아야 한다는 강박을 가진다.

The public is very much more concerned to have matter than form; and for this very reason it is deficient in any high degree of culture. The public shows its preference in this respect in the most laughable way when it comes to deal with poetry.

2/1

"명성이나 명예는 부가되는 것, 진짜는 당신 자신이다."

세상의 갈채, 가치와 명성으로 영웅이나 천재로 불릴 순 있다.

그러나 오로지 다른 이들의 견해에 따라 가치가 매겨지는 존재란 얼마나 비참한가.

인간은 오직 자신을 위해, 자신의 힘으로 살고 존재해야 한다.

It would be a miserable existence which should make its value depend upon what other people think; but such would be the life of a hero or a genius if its worth consisted in fame, in the applause of the world. Every man lives and exists on his own account, mainly in and for himself.

"그림자를 진실이라 믿는 동굴에서 감각과 상상력이 풀려나게 하라."

플라톤은 시적 영감에 대해 동굴의 비유로 설명한다.

"동굴 밖에서 진짜 햇빛과 참된 이데아를 본 사람은 더 이상 어둠 속에서, 동굴 안에서 그림자만 보며 살 수 없다. 그런 이유로 동굴을 떠난 적 없는 이들의 야유와 공격을 받는다."

Plato expresses in the figure of the dark cave, "Those who, outside the cave, have seen the true sunlight and the things that have true being (Ideas), cannot afterwards see properly down in the cave, because their eyes are not accustomed to the darkness; they cannot distinguish the shadows, and are jeered at for their mistakes by those who have never left the cave and its shadows."

2/2

"세상이라는 박동은 당신을 동정하느라 쉬지 않는다."

나는 불행에 허우적대는데 세상은 아무렇지 않게 굴러간다.

그걸 보면 상처가 된다. 괴테는 '타소'에 이렇게 썼다.

"디 벨트, 비 지 조 라히트, 운스 휄플로스, 아인즈암 뢰스트, 운트 이렌 베그, 비 손 운트

몬드 운트 안드레 궤테 게흐트, 태양과 달과 모두가 그렇듯 세상은 얼마나 아무렇지 않게

무력하고 외롭게 저마다의 길을 가는가!"

*In the moment when a great affliction overtakes us, we are hurt to find that the world about us is unconcerned
and goes its own way. As Goethe says in Tasso, "die Welt, wie sie so leicht, Uns hülflos, einsam lässt, und ihren
Weg, Wie Sonn' und Mond und andre Götter geht."*

독일어

"시공간을 넘어 이상적 세계를 담은 예술의 향기에 심취하라."

천재적 작품, 예술은 순수한 사색으로 파악한 궁극의 이데아를 반복하거나 재현한다.

세상의 모든 현상 중 핵심적이고 영속적인 것을 다룬다.

소재가 무엇이냐에 따라 조각, 회화, 시, 음악으로 나뉠 뿐이다.

예술의 원천은 이데아에 대한 지식이고, 목표는 그걸 전달하는 것이다.

Art, the work of genius. It repeats or reproduces the eternal Ideas grasped through pure contemplation, the essential and abiding in all the phenomena of the world; and according to what the material is in which it reproduces, it is sculpture or painting, poetry or music. Its one source is the knowledge of Ideas; its one aim the communication of this knowledge.

2/3

"뇌는 때로 장난을 치지만 직감은 사실을 말해준다."

뇌는 가장 현명한 부위가 아니다.

중차대한 순간 매우 중요한 결정을 해야 할 때,

옳고 그름을 정하는 것은 명쾌한 지식이 아니다.

내적 동기, 존재의 가장 깊은 바탕에서 나오는 직감이다.

Our brains are not the wisest part of us. In the great moments of life, when a man decides upon an important step, his action is directed not so much by any clear knowledge of the right thing to do, as by an inner impulse, proceeding from the deepest foundations of his being.

11 / 25

"야곱 반 로이스달의 풍경화 속에서 평화와 고요를 발견하라."

내면에서 의지가 어떻게 작용하는지 파악하면,

어떤 상황에도 순수한 사색에 도달할 수 있다.

평범한 사물을 순수하게 인지함으로써 정신적 평화라는 영원한 기념비를 세운

존경스러운 네덜란드 정물 화가에게서 그런 특성을 찾아볼 수 있다.

Inward disposition, the predominance of knowing over willing, can produce this pure contemplation under any circumstances. This is shown by those admirable Dutch artists who directed this purely objective perception to the most insignificant objects, and established a lasting monument of their objectivity and spiritual peace in their pictures of still life.

2/4

"삶의 세 가지 즐거움을 균형 있게 추구하는 것이 행복이다."

인생에는 세 가지 즐거움이 있다.

첫째는 생명 유지를 위한 식, 음, 휴식, 수면이고,

둘째는 근력을 위한 도보, 경주, 격투, 춤, 검술, 승마 등 체력 활동이다.

셋째는 감성을 위한 관찰, 사고, 지각, 문화의 향유, 음악, 학습, 독서, 명상, 발명, 철학 같은 활동이다.

First pleasures of vital energy, of food, drink, digestion, rest and sleep; Second pleasures of muscular energy, walking, running, wrestling, dancing, fencing, riding and similar athletic pursuits; Third pleasures of sensibility, observation, thought, feeling, or a taste for poetry or culture, music, learning, reading, meditation, invention, philosophy and the like.

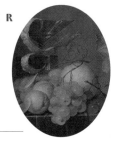

"당신이 추구하는 목적에 부합하게 세상을 공부하고 있는가?"

공부하는 자는 책의 페이지를 읽는다.

하지만 사상가와 천재는 자연이라는 책으로 곧바로 나간다.

세상을 깨우치고 인류를 그 길로 진전하게 만든다.

Men of learning are those who have done their reading in the pages of a book. Thinkers and men of genius are those who have gone straight to the book of Nature; it is they who have enlightened the world and carried humanity further on its way.

"진짜 지식은 공부와 경험의 합치를 통해서만 얻을 수 있다."

지식의 성숙은 누구든 도달할 수 있는 완벽한 상태다.

그러나 추상적 사고와 직접적 관찰의 결합을 통해서만 그곳에 도달할 수 있다.

What is meant by maturity of knowledge is that state of perfection to which any one individual is able to bring it, when an exact correspondence has been effected between the whole of his abstract ideas and his own personal observations.

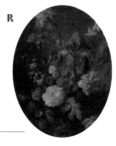

"실용적 목적과 미학적 목적을 응축한 위대한 건축물을 감상하라."

다른 예술과 달리 건축은 순수한 미학적 목적으로 창조되지 않는다.

일반적인 예술과 달리 실용적 목적을 갖는다.

건축가의 미덕은 예술과 충돌하는 실용적 목적을 만족시키면서도 여전히 순수한
미학적 목적을 달성하는 데 있다.

Unlike the other arts, architecture are very seldom executed for purely æsthetic ends. These are generally subordinated to other useful ends which are foreign to art itself. Thus the great merit of the architect consists in achieving and attaining the pure æsthetic ends, in spite of their subordination to other ends which are foreign to them.

"세상과 그것이 돌아가는 이치를 안다고 자만하지 마라."

고대 인도 철학자의 말은 지혜롭다.

"세계와 우리 눈 사이 기만하는 '마야의 장막'이 있다.

세계는 있다고도 없다고도 할 수 없다.

세계는 꿈과 같고, 나그네가 오아시스라 착각하는 모래 위 신기루와 같으며,

뱀이라 착각해 집어던졌더니 새끼줄인 것과 같다."

The ancient wisdom of the Indian philosophers declares "It is Mâyâ, the veil of deception, which blinds the eyes of mortals, and makes them behold a world of which they cannot say either that it is or that it is not: for it is like a dream; it is like the sunshine on the sand which the traveller takes from afar for water, or the stray piece of rope he mistakes for a snake."

11/22

"예술은 인간 삶의 비밀을 현실로 풀어낸 고도의 작업이다."

모든 예술의 공통된 목표는 다양한 구체적 모습으로 발현되는
의지의 이데아가 가진 비밀을 풀어 다양하게 변주하는 것이다.
현실 속 인간의 삶은 그런 비범하고 소중한 행위를 통해 비로소 눈에 보이는 모습으로
형상화된다.

Unfolding and rendering distinct the Idea expressing itself, the Idea of the will which objectifies itself at each grade, is the common end of all the arts. The life of man, as it shows itself for the most part in the real world become visible in extraordinary and very significant actions.

2/7

"필요한 게 채워지는 것으로 만족하는 것도 좋은 삶이다."

위대한 시인 호라티우스는 노래한다. "아우레암 퀴스퀴스 메디오크리타템 / 딜리지트, 투투스 카레트 옵솔레티 / 소르디부스 텍티, 카레트 인비디엔다 소브리우스 아울라 / 사비우스 벤티스 아지타투르 인젬스 피누스: 엣 첼세 그라비오리 카수 / 데치둔트 투레스; 페리운트퀘 숨모스 풀구라 마니스, 중용을 지키는 자 안락하니 낡고 비루한 집에서도 자유롭다, 키 큰 소나무가 바람에 흔들리고 높은 귀인이 태풍에 휘말리며 치솟은 첨탑은 무겁게 무너진다."

With justice sings the poet of life's wisdom "Auream quisquis mediocritatem / Diligit, tutus caret obsoleti / Sordibus tecti, caret invidenda Sobrius aula / Savius ventis agitatur ingens Pinus: et celsae graviori casu / Decidunt turres; feriuntque summos Fulgura monies."

라틴어

11/21

"위대한 예술가의 눈을 통해 세상을 보는 연습을 하라."

예술가는 그들의 눈으로 세상을 보게 한다.

관계에서 벗어나 사물의 내면을 꿰뚫어 보는 타고난 재능을 우리에게 빌려주며,

우리는 잠시나마 그걸 내 것처럼 쓴다.

이것이 바로 예술이 하는 아주 특별한 기능이다.

The artist lets us see the world through his eyes. That he has these eyes, that he knows the inner nature of things apart from all their relations, is the gift of genius, is inborn; but that he is able to lend us this gift, to let us see with his eyes, is acquired, and is the technical side of art.

2/8

"쾌락이 큰 것보다 고통이 없는 것이 행복에 더 가까운 상태다."

행복을 환희나 쾌락으로 측정하는 것은 잘못된 기준이다.

쾌락이 행복을 만든다는 생각은 망상이며, 쾌락은 시기 질투를 낳으므로 부정적이다.

고통의 부재不在는 행복의 기준이 되므로, 고통 역시 긍정적일 수 있다.

To measure the happiness of a life by its delights or pleasures, is to apply a false standard. For pleasures are and remain something negative; that they produce happiness is a delusion, cherished by envy to its own punishment. Pain is felt to be something positive, and hence its absence is the true standard of happiness.

11 / 20

"휘발되는 말이 아니라, 눌러쓴 글로 정신을 기록하라."

작품은 마음의 정수이며, 말보다 큰 가치를 담는다.

인간의 작품에는 말보다 더 오래 여운이 남는 진짜 핵심이 담긴다.

평범한 사람이 쓴 글도 마음의 본질을 담고 있으면 교훈적이고 읽을 가치가 있으며
우리를 즐겁게 해 준다.

Works are the quintessence of a mind, are by far greater value than conversation. In every essential a man's works surpass his conversation and leave it far behind. Even the writings of an ordinary man may be instructive, worth reading, and entertaining, for the simple reason that they are the quintessence of that man's mind.

2/9

"무엇을 원하며 무엇을 얻을지 분명히 알면 실망할 일도 없다."

자기 의지에 대한 완전한 인식에 도달한 자는 자신에게 무얼 기대할지 제대로 안다.

그러므로 결정적인 순간에 실망할 일이 없다.

강점을 느끼며 만족감을 경험하고, 단점이 주는 고통에는 거의 시달리지 않게 된다.

Only he who has attained to will constantly and with full consciousness be completely himself, and will never fail at the critical moment, because he will always have known what he could expect from himself. He will often enjoy the satisfaction of feeling his strength, and seldom experience the pain of being reminded of his weakness.

11/19

"나만의 스타일이 없다면 차라리 꾸밈없는 편이 낫다."

스타일은 마음의 관상으로 얼굴보다 더 정확한 성격의 지표다.

그러니 남의 스타일을 흉내 내는 것은 마치 가면을 쓴 것과 같아서,

못생긴 얼굴을 그대로 내보이는 쪽이 오히려 생명감이 있다.

Style is the physiognomy of the mind, and a safer index to character than the face. To imitate another man's style is like wearing a mask, because it is lifeless; so that even the ugliest living face is better.

$2/10$

"남의 지식이 아니라 자기 머리와 발로 직접 탐구하라."

독서만 탐닉하며 오로지 책에서 지혜를 얻으려 하는 것은 위험하다.

여행자들의 설명만 듣고 어떤 나라에 대한 정확한 정보를 얻으려 하는 것과 같다.

The people who have spent their lives in reading and acquired their wisdom out of books resemble those who have acquired exact information of a country from the descriptions of many travelers.

11/18

"숭고하고 위대한 심상을 담은 음악을 가까이하라."

작곡가는 세계의 내면을 드러내고,

이성으로 이해 못 할 언어로 가장 깊은 지혜를 표현한다.

잠에서 막 깨어 반쯤 최면 상태에서 자연스레 말이 터지듯, 본능적으로 그렇게 한다.

The composer reveals the inner nature of the world, and expresses the deepest wisdom in a language which his reason does not understand; as a person under the influence of mesmerism tells things of which he has no conception when he awakes.

2/11

"미친 듯이 자신을 몰고 가는 의지의 정체를 파악하라."

지식의 빛을 통해 에고이즘은 소멸하고 이전의 강렬했던 동기가 힘을 잃는다.

은밀히 의지를 부추기던 세상의 본질을 완전히 알게 되면,

삶을 에워싼 의지는 항복해 물러나고 삶 자체만 남는다.

The egoism which rests on this perishes with the light of knowledge, so that now the motives that were so powerful before have lost their might, the complete knowledge of the nature of the world, which has a quieting effect on the will, produces resignation, the surrender not merely of life, but of the very will to live.

11/17

"심오한 문학 작품은 인간 정신의 심연을 이해하게 도와준다."

공포에 사로잡혀 고문당한 정신은 잘린 다리에 의족을 대듯

단번에 기억의 실타래를 끊고 그 틈을 허구로 메운다.

감당할 수 없는 정신적 고통에서 도망치려고 광기라는 피난처를 찾는다.

트로이의 아이아스, 셰익스피어 작품 속 리어왕이나 오필리아…,

작가들은 실존 인물에게서 이 심리를 잘 포착한다.

The mind so fearfully tortured at once destroys the thread of its memory, fills up the gaps with fictions, and thus seeks refuge in madness from the mental suffering that exceeds its strength, just as we cut off a mortified limb and replace it with a wooden one. The distracted Ajax, King Lear, and Ophelia may be taken as examples.

2/12

"우둔하고 단순한 자일수록 집단에 속하려 하고 매달린다."

사람들은 왜 권태를 느끼며 왜 사교적이고 왜 뭉쳐 다니며,

인류는 왜 군집 생활을 했는가?

본성이 무미건조하고 단조롭기에 고독을 견디지 못하는 것이다.

세네카는 말한다. "옴니스 스툴티치아 라보라트 파스티디오 수이,

우둔함이야말로 인간의 가장 무거운 짐이다."

It is easy to see why people are so bored; and also why they are sociable, why they like to go about in crowds-why mankind is so gregarious. It is the monotony of his own nature that makes a man find solitude intolerable "Omnis stultitia laborat fastidio sui."

라틴어

"미적 아름다움과 지적 즐거움이 공존하는 작품을 선별해 감상하라."

재미가 아름다움을 창조하는 수단이라면,

모든 재밌는 작품은 미적으로도 아름다워야 한다. 하지만 그렇지 않다.

드라마나 통속 소설은 재미로 우리를 매료한다.

하지만 거기엔 어떤 종류의 아름다움도 빠져 있어 결국 시간 낭비한 게 부끄럽다.

If interest were a means in the production of beauty, every interesting work would also be beautiful. That, however, is by no means the case. A drama or a novel may often attract us by its interest, and yet be so utterly deficient in any kind of beauty that we are afterwards ashamed of having wasted our time on it.

2/13

"채우고 넓히고 쌓을수록 존재는 더욱 불안해진다."

한계는 행복을 만들어 낸다.

시야의 범위, 업무의 영역, 세상과의 접점이 제한될수록, 그와 비례해 행복하다.

경계가 너무 넓으면 걱정하고 초조해지며, 근심, 욕망, 공포 역시 넓고 강해진다.

Limitations always make for happiness. We are happy in proportion as our range of vision, our sphere of work, our points of contact with the world, are restricted and circumscribed. We are more likely to feel worried and anxious if these limits are wide; for it means that our cares, desires and terrors are increased and intensified.

"진심이 담긴, 아름답고 할 말이 분명한 문화를 소비하라."

요즘 문학이 이리 형편없는 이유는 다수가 돈을 벌기 위해 책을 쓰기 때문이다.

그런 목적으로 누군가 앉아 쓰면, 어리석은 대중이 돈을 주고 산다.

부수적 결과는 안타깝게도 언어의 파멸이다.

The reason why Literature is in such a bad plight nowadays is simply and solely that people write books to make money. A man who is in want sits down and writes a book, and the public is stupid enough to buy it. The secondary effect of this is the ruin of language.

"사람은 바뀌지 않고 바꿀 수도 없다, 천성과 욕망대로 산다."

아무리 간절해도 다른 사람을 내가 원하는 대로 바꿀 수 없다.

행동은 선천적이고 변덕스러운 특성에서 나오고, 동기에 의해서 즉각 발현된다.

누군가의 행동은 천성과 욕망이 버무린 필연적 산물이다.

No man becomes this or that by wishing to be it, however earnestly. His acts proceed from his innate and unalterable character,
and they are more immediately and particularly determined by motives. A man's conduct is the necessary product of both character
and motive.

11/14

"삶의 슬픔, 고통, 기쁨, 환희에 공감하는 음악을 곁에 두라."

상상력은 삶을 잘 담아낸 음악을 통해서 고양된다.

음정뿐 아니라 노랫말이 하는 일이며,

오페라에서도 가사는 결코 극의 부수적인 역할에 그치지 않는다.

음악은 언제나 삶과 사건의 본질을 표현하기 때문이다.

Our imagination is so easily excited by music, as an analogous example of life. This is the origin of the song with words, and finally of the opera, the text of which should never forsake subordinate position; for music always expresses only the quintessence of life and its events.

2/15

"내가 아닌 다른 곳에서 행복을 찾으면 허무함만 낳을 뿐이다."

자기 안에서 기쁨의 근원을 발견하는 사람일수록 더 행복할 공산이 크다.

아리스토텔레스가 일찍이 말했듯, 행복은 자애와 자족 안에 있다.

The more this is so-the more a man finds his sources of pleasure in himself the happier he will be. Therefore, it is with great truth that Aristotle says, To be happy means to be self-sufficient.

11/13

"시끄러운 자들과 무리 지어 어울리는 것은 지성과는 가장 거리가 멀다."

위대한 지성의 사명은 인류를 오류의 바다에서 건져내 진실의 안식처로 인도하는 것이다. 야만적 저속함의 어두운 심연으로부터 문화와 교양의 빛으로 데려가야 한다. 위대한 지성은 세상에 속하지 않으면서 세상을 산다. 어려서부터 자신이 다른 이와 다르다는 걸 느낀다.

The mission of great minds is to guide mankind over the sea of error to the haven of truth-to draw it forth from the dark abysses of a barbarous vulgarity up into the light of culture and refinement. Men of great intellect live in the world without really belonging to it; and so from their earliest years, they feel a perceptible difference from other people.

2/16

"야비하고 어리석은 인간 군상의 특징을 잘 파악하라."

경험이야말로 불미스러움을 피하게 하는 지혜의 원천이다.
삶이나 문학 작품에서 야비함이나 어리석음의 특징을 발견하면,
당신의 지식창고에 기록하라.
앞으로 그런 것에게 방해받거나 고통받지 않도록 주의해야 한다.

The experience thus gained will be very useful in avoiding wrong ideas, whether about yourself or about others. But if you come across any special trait of meanness or stupidity-in life or in literature-you must be careful not to let it annoy or distress you, but to look upon it merely as an addition to your knowledge.

"이목을 끄는 주장이나 유행에 이끌려 인생을 허비하지 마라."

읽지 않는 기술은 매우 요긴하다.

비결은 대중의 일시적 관심을 끄는 무엇에도 현혹되지 않는 것이다.

정치나 종교적 주장, 얄팍한 인기를 끄는 소설이나 시가 눈앞에 어른거리면,

바보를 위한 글일수록 대중적 인기를 끈다는 걸 기억하라.

좋은 걸 읽으려면 나쁜 걸 읽지 말아야 한다. 인생은 짧으니까.

The art of not reading is a very important. Not taking an interest in engaging the attention of the general public at any particular time. When some political or ecclesiastical pamphlet, novel, poem is making a great commotion, you should remember that he who writes for fools always finds a large public. A precondition for reading good books is not reading bad ones: for life is short.

2/17

"별것 아니라고 흘려보낸 시간이 모여 당신의 삶이 된다."

인생이라는 장면은 거친 모자이크로 만든 그림과 같다.

가까이 보아선 아무런 감흥이 없다.

거리를 두고 보기 전까지는 진짜 아름다움을 발견하기 어렵다.

The scenes of our life are like pictures done in rough mosaic. Looked at close, they produce no effect. There is nothing beautiful to be found in them, unless you stand some distance off.

"인간의 심연을 꿰뚫는 클래식 고전 명작을 음미하라."

고전 작가들은 어찌 우리 마음에 그리 큰 울림을 주나.

단 30분 감상해도 상쾌한 자연에 들어간 듯 마음을 충전하고 위로하며 정화하고

고양하고 강하게 한다.

오랜 언어의 완벽함 덕일까, 수 세기 손상되지 않은 위대한 마음 덕일까?

아마도 둘 다일 것이다.

There is nothing that so greatly recreates the mind as the works of the old classic writers. Even if it is only for half-an-hour, one feels as quickly refreshed, relieved, purified, elevated, and strengthened as if one had refreshed oneself at a mountain stream. Is this due to the perfections of the old languages, or to the greatness of the minds unharmed and untouched for centuries? Perhaps to both combined.

2/18

"타인의 의견이나 잘못을 고치거나 바로잡으려 애쓰지 마라."

다른 이의 견해에 대립하지 마라.

당신이 성경 속 므두셀라만큼 오래 살아도 그의 어리석음을 절대 바로잡을 수 없다.

상대의 대화 실수를 꼬집어 고치려고 하지 마라.

아무리 좋은 의도여도 상대방 기분을 망치며, 실수를 고치지도 못한다.

Never combat any man's opinion; for though you reached the age of Methuselah, you would never have done setting him right upon all the absurd things that he believes. It is also well to avoid correcting people's mistakes in conversation, however good your intentions may be; for it is easy to offend people, and difficult, if not impossible, to mend them.

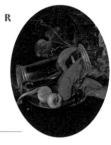

"과도한 장식 없이 진실에 충실한 작품을 곁에 두고 감상하라."

진실은 가리지 않은 아름다움이다.

표현이 단순할수록 감흥은 깊어진다.

청자의 영혼을 막힘없이 소유하며 주의력이 흩어지지 않도록 한다.

Truth is most beautiful undraped; and the impression it makes is deep in proportion as its expression has been simple. This is so, partly because it then takes unobstructed possession of the hearer's whole soul, and leaves him no by-thought to distract him.

2/19

"잘못이나 단점을 고치려 하지 말고 선행이나 장점을 응원하라."

다른 이들 모두 각자 인격으로 존재할 권리를 존중하라.

바꾸거나 비난하기보다, 본성이 허락하는 한 최대한 잘 활용하게 돕는 게 낫다.

오랜 격언이 주는 참된 교훈이다. "살아라, 그리고 살게 하라."

If you have to live amongst men, you must allow everyone the right to exist in accordance with the character, and all you should strive to do is to make use of this character in such a way as its kind and nature permit, rather than to hope for any alteration in it. This is the true sense of the maxim "Live and let live."

11/9

"영혼이 담긴 아름다운 음악을 곁에 두고 음미하라."

말이 논리의 언어라면, 음악은 감정과 열정의 언어다.

플라톤은 말했다. "멜로디아룸 모투스, 아니미 아펙투스 이미탄스, 음율은 영혼의
감정을 흉내 낸다." 아리스토텔레스도 경탄했다.

"쿠르 누메리 무지치 엣 모디, 퀴 보체스 순트, 모리부스 시미레스 세제 엑시벤트,
어찌 목소리에 불과한 음악의 선율이 인격을 담는가?"

라틴어

*It has always been said that music is the language of feeling and passion, as words are the language of reason.
Plato explains "melodiarum motus, animi affectus imitans" and Aristotle says "cur numeri musici et modi, qui
voces sunt, moribus similes sese exhibent?"*

라틴어

2/20

"인내하지 못하는 자는 시간이라는 고리대금업자에게 쉽게 휘둘린다."

어떤 병은 자연히 나을 때까지 기다리는 게 낫다.

인내하며 기다리면 흉터 없이 사라진다.

조급해서 불평하며 조르고 서두르면 어떻게 될까?

그렇게 시간을 대출받으면 평생 쇠약함과 만성적 피해라는 이자를 지급해야 한다.

There are some kinds of illness in which entire restoration to health is possible only by letting the complaint run its natural course; after which it disappears without leaving any trace of its existence. Time will grant the loan, and the complaint may be shaken off; but life-long weakness and chronic mischief will be the interest paid upon it.

11/8

"지적 즐거움을 알아갈수록 혼자 있는 기쁨을 알아간다."

고독 예찬은 인간 본연의 태생적 특징이라 할 순 없다.

오히려 경험과 성찰의 결과에 가깝다.

지적 능력이 발달하고 연륜이 쌓이면서 고독이 주는 즐거움을 깊이 깨닫는다.

통상 사교성은 나이와 반비례한다.

Accordingly it cannot be said that the love of solitude is an original characteristic of human nature; it is rather the result of experience and reflection, and these in their turn depend upon the development of intellectual power, and increase with the years. Speaking generally, sociability stands in inverse ratio with age.

2/21

"제대로 사는 법을 배우고 싶다면 시간을 들여 직접 실천하라."

실천을 이끄는 가르침은 절차대로 습득해야 한다.

첫째, 규율 자체를 이해하고 둘째, 규율의 실행법을 배운다.

이론은 이성적 노력으로 단번에 이해할 수 있어도, 이론을 실제 행하는 데는 충분한 시간이 필요하다.

Here, as in all theoretical instruction that aims at a practical result, the first thing to do is to understand the rule; the second thing is to learn the practice of it. The theory may be understand at once by an effort of reason, and yet the practice of it acquired only in course of time.

11/7

"위대하고 아름다운 예술이야말로 우리가 기댈 오아시스다."

아름다움에서 얻는 즐거움, 삶의 근심을 잊게 하는 예술가의 열정.

이것이야말로 척박한 사막에서 홀로 달리는 우리의 고독한 삶과 존재에 진정한 휴식과

위안을 준다.

The pleasure we receive from all beauty, the enthusiasm of the artist, which enables him to forget the cares of life, for the desert loneliness among men of a different race, all this rests on the fact that the in-itself of life, the will, existence itself.

2/22

"재산이나 명예보다 중요한 것은 인간의 자격과 품격이다."

차분하고 명랑한 기질, 완벽하게 건전한 신체를 통한 기쁨과 만족,
사물을 분명하고 생기있게 느끼는 지성, 온건하고 부드러운 의지,
균형 잡힌 사고와 같은 특징은 계급이나 부로 얻을 수 없는 특권이다.

A quiet and cheerful temperament, happy in the enjoyment of a perfectly sound physique, an intellect clear, lively, penetrating and seeing things as they are, a moderate and gentle will, and therefore a good conscience these are privileges which no rank or wealth can make up for or replace good endowment of intellect; this is the happiest destiny, though it may not be, a very brilliant one.

11 / 6

"전문가가 안 되어도 괜찮다, 깊이 탐구할 주제를 파고들라."

예술에 대한 진지한 관심, 식물학, 물리학, 천문학, 역사학 등 과학에 관한 탐닉과 연구는 엄청난 즐거움을 준다.

바깥에서 찾는 행복이 힘과 용도를 다할 때, 이들과 더불어 언제든 즐겁다.

He will take a dilettante interest in art, or devote his attention to some branch of science-botany, or physics, astronomy, history, and find a great deal of pleasure in such studies, and amuse himself with them when external forces of happiness are exhausted or fail to satisfy him any more.

2/23

"개체화된 맹목적 의지가 빚어내는 이기심과 허상을 경계하라."

고통을 통해 정화되고 강화된 지식의 빛은 '마야의 장막'을 벗긴다.

세상이라는 현상이 환영이며 속임수임을 깨닫고 더 이상 속지 않는다.

"프린시피움 인디비듀어티오니스, 개체화가 만든 허상을 꿰뚫어 보라."

Light of knowledge purified and heightened by suffering itself, reaches the point at which the phenomenon, the veil of Mâya no longer deceives it. It sees through the form of the phenomenon "principium individuationis."

라틴어

11/5

"스타일은 돈으로 만들 수 없다, 좋은 감각을 길러야 우러나온다."

로마의 위대한 시인 호라티우스의 명언은 언제나 옳다.

"스크리벤디 렉테 사페레 에스트 엣 프린치피움 엣 폰스,

좋은 감각이 좋은 스타일의 원천이자 기원이다."

Horace's maxim that good sense is the source and origin of good style
"Scribendi recte sapere est et principium et fons."

라틴어

2/24

"당신은 사건을 바꿀 수 없다, 어떻게 대응할까만 정할 뿐이다."

인생은 인간 혼자서 만드는 게 아니다.

무작위로 벌어지는 사건들, 그리고 그에 대한 인간의 대응.

이 두 가지 요소가 끊임없이 상호작용하며 서로 영향을 미치고 바꿔나간다.

For the course of a man's life is in no wise entirely of his own making; it is the product of two factors-the series of things that happened, and his own resolves in regard to them, and these two are constantly interacting upon and modifying each other.

11 / 4

"세상과 인생을 직접 경험하는 것이 최상의 공부법이다."

어린이가 세상과 인생을 복사본으로 먼저 알게 해선 곤란하다.

일찍부터 손에 책을 들려주기보다 우리를 둘러싼 사물과 환경을 직접 경험하게 하라.

책, 동화, 다른 이들의 말 때문에 선입견이 생기지 않도록 해야 한다.

Children should not get to know life, from the copy before they have learnt it from the original. Instead of hastening to place mere books in their hands, one should make them gradually acquainted with things and the circumstances of human life, but not to get them from elsewhere, as from books, fables, or what others have said.

2/25

"평범하고 열등한 사람이 무시하거든 기뻐하라, 당신이 이겼다."

괴테는 선언했다.

'만약 내 인생이 타인의 호의에 따라 좌우된다면, 차라리 살지 않는 편을 택하겠다.'

사람은 자기가 중요하고 돋보이고자 하는 저열한 열망 때문에,

아주 기쁘게 우리 존재를 무시할 수 있다.

Goethe declares that if we had to depend for our life upon the favor of others, we should never have lived at all; from their desire to appear important themselves, people gladly ignore our very existence.

"지적 즐거움을 누리려면 먼저 마음을 열고 초대장을 보내라."

볼테르는 말했다.

"진정한 초대 없이는 진정한 즐거움이 찾아들지 않는다."

강렬한 열망으로 자연, 예술, 문학의 아름다움에 빠져드는 이들이 있는가 하면,

다른 이들은 그렇지 못한 이유다.

Voltaire has very rightly said, there are no real pleasures without real needs; and the need of them is why to such a man pleasures are accessible which are denied to others, the varied beauties of nature and art and literature.

2/26

"누군가의 취향에는 그의 본성이 담겨 있게 마련이다."

둔한 사람은 둔한 것에 끌리고, 평범한 자는 흔한 것에 끌린다.

생각이 뒤엉킨 사람은 혼란스러운 생각에 이끌리며,

어리석은 자는 아예 머리가 없는 자를 설득한다.

사람과 그가 만든 것은 비슷하게 마련이어서,

거기에 자기와 비슷한 특징을 집어넣게 되어 있다.

The dull person will like what is dull, and the common person what is common; a man whose ideas are mixed will be attracted by confusion of thought; and folly will appeal to him who has no brains at all; but best of all, a man will like his own works, as being of a character thoroughly at one with himself.

"문학, 극, 음악, 작품 등에서 오래 사랑받는 명작을 감상하라."

가능하다면 진짜 저술가,

무언가를 직접 발견하고 찾아낸 사람,

어떤 식으로든 각 지식 분야에서 위대한 거장이라 인정받는 이들을

먼저 탐구하라.

The reader should study, if he can, the real authors, the men who have founded and discovered things; or, at any rate, those who are recognized as the great masters in every branch of knowledge.

2/27

"본질이 빈약한 자일수록 치장이 화려하고 잔말이 많다."

헤시오도스는 말한다.

"플레온 아에미수 판토스, 절반이 전부보다 낫다."

프랑스 속담 역시 조언한다.

"르 스크레 푸 에트 앙위우 세 드 투 디르, 지루하게 만들려면 모든 걸 말하라."

정말이지 매우 정확한 조언이다.

This is the right application of Hesiod's maxim, "pleon aemisu pantos". French Maxim also said "Le secret pour être ennuyeux, c'est de tout dire."

그리스어

프랑스어

11 / 1

"감성으로 누리는 지적 즐거움은 돈이 들지 않는 최상의 희열이다."

인간은 동물과 달리 감성의 크기가 엄청나다.

정신의 힘으로 감성이 만들어지고,

덕분에 우린 지적 쾌락이라는 마음과 연결된 특별한 즐거움을 누릴 수 있다.

감성이 뛰어날수록 즐거움도 커진다.

It is this preponderating amount of sensibility which distinguishes man from other animals. Our mental powers are forms of sensibility, a preponderating amount of it makes us capable of that kind of pleasure which has to do with mind, so-called intellectual pleasure; and the more sensibility predominates, the greater the pleasure will be.

2/28

"말은 모든 분란의 화근이다. 신중하고 또 신중하라."

잘 알려지지 않은 아라비아 속담들을 들려주겠다.

"적에게 절대 알려주지 않을 비밀은 친구에게도 누설하지 마라."

"나 혼자 간직하면 비밀이지만 나를 떠나면 유죄 증언이 된다."

"침묵이라는 나무는 평화라는 열매를 맺는다."

I may just add little known Arabian proverbs, "Do not tell a friend anything that you would conceal from an enemy", "A secret is in my custody, if I keep it; but should it escape me, it is I who am the prisoner.", "The tree of silence bears the fruit of peace."

NOVEMBER

A wooded landscape with cattle resting
- Jacob Salomonsz. van Ruysdael

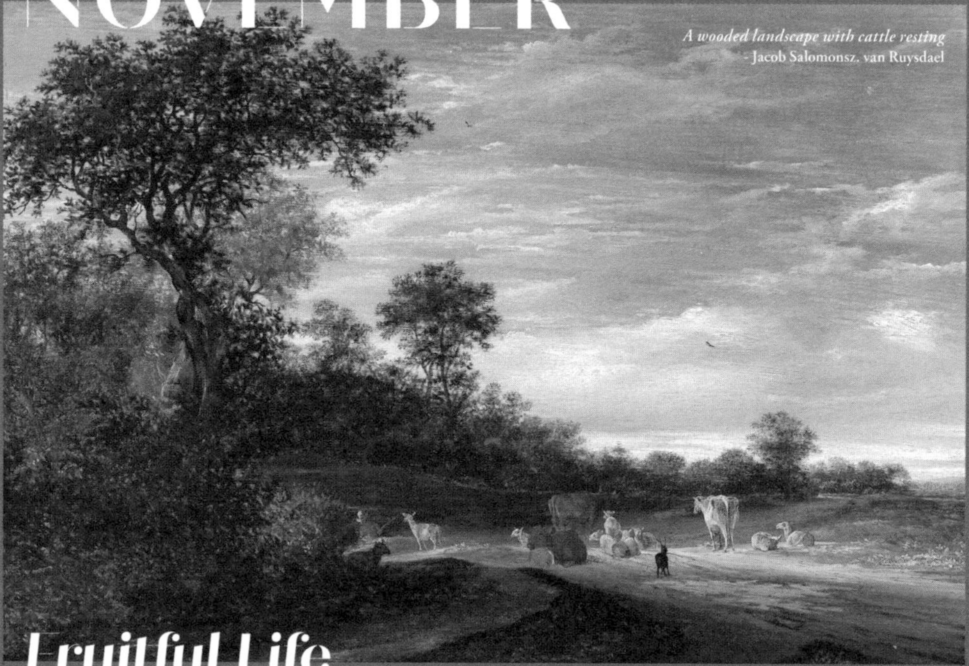

Fruitful Life

11월 | 멋지게 살기

인간답고 지적이며 예술적으로 사는 길

MARCH

A Road through an Oak Wood
- Jacob Salomonsz. van Ruysdael

Meaning of Life

3월 | 삶의 의미

산다는 건 원래 고단하고 비참한 것

10/31

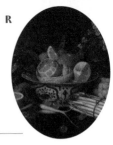

"내면이 풍성하면 혼자서도 즐겁지만, 내면이 비참하면 대면하기 두렵다."

어떤 이는 고독을 즐기고, 어떤 이는 참아내거나 피한다.

내면이 비참할수록 고독에 대한 거부감이 크다.

개인의 내적 가치의 크기와 관련이 있다.

Solitude will be welcomed or endured or avoided, according as a man's personal value is large or small,-the wretch feeling, when he is alone, the whole burden of his misery.

3/1

"평범하고 별것 없어 보이는 삶을 천국으로 만들라."

진리 안에서 당신을 발견하고, 당신 안에서 진리를 발견하라.

당신의 열렬한 꿈을 채워줄, 헛되이 찾던 집이 당신이 지금 서 있는 그곳에,

사소하고 총체적인 모습으로 자리하고 있음을 알게 될 것이다.

당신의 천국은 지금 발 디딘 그곳이다.

Recognise the truth in yourself, recognise yourself in the truth; and in the same moment you will find, to your astonishment, that the home which you have long been looking for in vain, which has filled your most ardent dreams, is there in its entirety, with every detail of it true, in the very place where you stand. It is there that your heaven touches your earth.

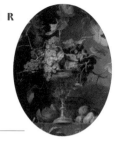

"여기저기 다녀도 지적인 사람을 만나기 어렵다, 그들은 다니질 않으니."

위대한 지성은 독수리처럼 드높은 고독에 둥지를 튼다.

열등한 자와 어울리지 않고 본성이 흔하지도 않기에, 자주 마주칠 일도 없다.

거의 드물어서 희귀종으로 불린다.

Great minds are like eagles, and build their nest in some lofty solitude. Those who are better off in this respect and of a rarer nature, are not often to be met with: they are called rare because you can seldom find them.

3/2

"먼 미래를 걱정해 봐야 소용없다, 걱정한 대로 되지도 않는다."

아무리 계획이 원대해도, 인간은 먼 미래를 내다볼 수 없다.

앞으로 벌어질 사건의 진로조차 전혀 예측할 수 없다.

인간의 지식은 오로지 현재의 계획과 현재의 사건에 국한되어 있다.

Another influence is at work in the very limited extent of a man's horizon, whether it is that he cannot see very far ahead in respect of the plans he will adopt, or that he is still less able to predict the course of future events: his knowledge is strictly confined to present plans and present events.

10/29

"아무도 빼앗거나 바꿀 수 없는 당신만의 가치를 만들라."

내 안에 있는 무언가, 혼자 있을 때도 동행하며 누구도 주거나 뺏을 수 없는 그것.

그것이야말로 세상의 눈에 보이는 무엇보다,

당신이 소유할 수 있는 중요하고 본질적인 것이다.

For what a man is in himself, what accompanies him when he is alone, what no one can give or take away, is obviously more essential to him than everything he has in the way of possessions, or even what he may be in the eyes of the world.

3/3

"사는 쪽이 훨씬 고통이지만 그래도 우리는 사는 걸 선택한다."

우리가 죽음을 두려워하는 것은 고통 때문이 아니다.

고통은 분명 죽음의 반대편(삶)에 있고, 고통을 피하려고 죽음을 택하는 이들도 있다.

반대로 생각하면, 죽음이라는 빠르고 쉽게 고통을 피하는 방법이 있음에도 우리는

오로지 죽음을 면하기 위해 고통을 감내한다.

What we fear in death is by no means the pain, for it lies clearly on this side of death, and, moreover, we often take refuge in death from pain, just as, on the contrary, we sometimes endure the most fearful suffering merely to escape death for a while, although it would be quick and easy.

10/28

"타인과 관계가 만드는 잡음이야말로 고통의 원인 제공처다."

지혜로운 사람은 가능한 고통과 짜증에서 벗어나고자 한다.

조용하고 유유자적하게, 최대한 적게 만나면서 평온하고 소박한 삶을 꾸리려 노력한다.

The wise man will strive after freedom from pain and annoyance, quiet and leisure, consequently a tranquil, modest life, with as few encounters as may be.

3/4

"삶을 영위하는 데는 비관적인 태도와 조심성이 필요하다."

인생은 불확실성으로 가득하다.

불편함, 부담감, 고통, 위험이 곳곳에 너무도 많다.

암초를 피하며 조심스레 헤쳐 나가야만 안전하고 행복한 항해를 할 수 있다.

For life is so full of uncertainty, there are on all sides so many discomforts, burdens, sufferings, dangers, that a safe and happy voyage can be accomplished only by steering carefully through the rocks.

10/27

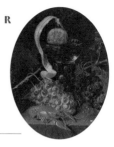

"훼방하고 소음을 내며 평화를 깨는 이들을 멀리하라."

높은 가치의 본성을 지난 사람이 고독한 건 당연한 이치다.

주변이 그 감정을 방해하지 않게 해야 한다.

본성과 어울리지 않는 사람 속에선, 그 자들이 불안정한 영향력이 마음의 평화를 해친다.

If a man stands high in Nature's lists, it is natural and inevitable that he should feel solitary. It will be an advantage to him if his surroundings do not interfere with this feeling; for if he has to see a great deal of other people who are not of like character with himself, disturbing influence upon him, adverse to his peace of mind.

"사람으로 살아가는 것의 가치를 깊이 있게 탐구하라."

인문학에서 필요한 것은 세상을 바라보는 높은 식견,

역사에 대한 광범위한 인식이다.

철학자로서 완벽함을 추구한다면

각 분야에서 인간 지성의 심연까지 두루 도달할 필요가 있다.

For true culture in the humanities it is absolutely necessary many-sided and take large views; and learning in the higher sense of the word, an extensive acquaintance with history is needful. He who wishes to be a complete philosopher, must gather into his head the remotest ends of human knowledge.

10/26

"배울 것도 없고 아낄 이유도 없는 이들과 친할 필요 없다."

하찮고 천박하고 저급하고 존엄 없는 자들과 무슨 즐거움을 나눌까? 높은 경지로
나아가는 대신, 다른 이를 자기가 있는 바닥으로 끌어 내리려는 자들한테 무얼 바랄까?
이것이 은둔과 고독의 바탕에 있는 존귀한 감정의 실체다.

What pleasure could they find in the company of people with lowest and least noble nature, trivial and vulgar? What do they want with people who cannot rise to a higher level, and for whom nothing remains but to drag others down to theirs? It is an aristocratic feeling that is at the bottom of this propensity to seclusion and solitude.

3/6

"인간은 삶(의지)을 선물 받고 무無에서 분투하다 다시 무로 돌아간다."

의지는 칸트가 말하는 사물 자체이며 내적 내용이고 세계의 본질이다.

삶, 눈에 보이는 세계, 현상은 의지의 거울일 뿐이다.

그림자가 몸에 속하듯 생명에는 뗄 수 없는 의지가 동반되며, 의지가 존재함으로써

생명과 세계도 존재한다.

Will is the thing-in-itself, the inner content, the essence of the world. Life, the visible world, the phenomenon, is only the mirror of the will. Therefore life accompanies the will as inseparably as the shadow accompanies the body; and if will exists, so will life, the world, exist.

10/25

"나를 가장 잘 알고 편안하며 냉철한 친구는 나 자신이다."

더 이상 망상에 휘둘리지 않는다.

대표적인 것이 우정이다.

친밀한 관계를 맺고 싶은 마음이 여간해서 생기지 않는다.

어렸을 때부터 곁에 있던 절친, 제2의 본성인 고독과 더욱 가까이 지내는 게 습관이 된다.

We are no more subject to the ordinary illusions of life; we soon see what a man is made of, we seldom feel any inclination to come into closer relations with him. Finally, isolation has become a habit, as it were a second nature to us, more especially if we have been on friendly terms with it from our youth up.

3/7

"의지와 열망은 인간 본성이고 그것으로부터 고통이 생겨난다."

고통받는 자는 세상이 행하고 저지른 모든 악이

자기 본성 속 의지에서 나왔음을 깨닫는다.

위대한 시인 칼데론은 '인생이라는 꿈'에서 노래한다.

"푸에스 엘 델리토 마요르, 델 옴브레 에스 아베르 나시도,

인간의 가장 큰 죄악은 태어난 것 그 자체다."

The sufferer would see that all the wickedness which is or ever was committed in the world proceeds from that will which constitutes his own nature. From this knowledge speaks the profound poet Calderon in 'Life a Dream', "Pues el delito mayor, Del hombre es haber nacido."

스페인어

"사건을 나열하지 말고 훗날 교본으로 삼을 나의 언행을 기록하라."

인생의 사건마다 무엇에 끌려 말하고 행동했는지, 그 결과 어떻게 되었는지
묘사하고 측정할 수 있다.

삶의 기점마다 생각의 기억을 보존할 필요가 있다.

일기를 쓰는 것은 바로 그런 이점이 있다.

We can remember what led to say and do; and thus form, the result, expression and measure of those events. We should be careful to preserve the memory of our thoughts at important points in our life; and herein lies the great advantage of keeping a journal.

3/8

"인간은 덧없이 사라지며 그로 인해 인생은 의미를 갖는다."

지구는 낮에서 밤으로 굴러가고 개인은 죽는다.

그러나 태양은 중단 없이 빛나며 영원히 정오를 가리킨다.

생명은 삶의 의지로 살아가고, 이데아의 현상인 개인은 시간 속에서 끊임없이 생겨나고 덧없는 꿈처럼 사라진다.

생명의 형태인 현재 역시 끝도 없이 이어진다.

The earth rolls from day into night, the individual dies, but the sun itself shines without intermission, an eternal noon. Life is assured to the will to live; the form of life is an endless present, no matter how the individuals, the phenomena of the Idea, arise and pass away in time, like fleeting dreams.

10/23

"무료함을 이기려 소일하는 동안 자아는 시들어 죽어간다."

자연 속에 단독으로 머물지 못하고 친구나 책 한 권이 필요한가.

의지에 종속된 지식은 계속 의지와 연결되려 한다.

슬픔에 잠겨 울먹이는 낮은 베이스음의 신음이 내면에서 들리지 않나?"

이런 것들은 다 나한테 쓸모없어."

They have no pleasure in being alone with nature; they need company, or at least a book. For their knowledge remains subject to their will; they seek, in objects, only some relation to their will, there sounds within them, like a ground bass in music, the constant inconsolable cry, "It is of no use to me."

3/9

"삶의 목적과 가치를 상실한 이들에 휘말려 시류에 떠다니지 마라."

무료한 인간은 엄지를 올렸다 내렸다, 초조하게 탁자를 두들기고,

머리를 식히려 담배를 문다.

그런 자들이 많은 나라일수록 도박이 성행한다.

가치가 땅에 떨어졌음을 확인하는 척도이며,

사고가 파산을 앞두고 있음을 알리는 위험신호다.

If there is nothing else to be done, a man will twirl his thumbs or beat the devil's tattoo; or a cigar may be a welcome substitute for exercising his brains. Hence, in all countries the chief occupation of society is card-playing, and it is the gauge of its value, and an outward sign that it is bankrupt in thought.

10/22

"되는 대로 살다 보면, 사는 대로 되게 된다."

일이든 오락이든 마구잡이로, 돌아보고 내다보지 않으며 사는 삶.

인생이라는 실타래에서 쓸모없이 되는 대로 옷감을 뽑아 쓰는 것과 같다.

그렇게 살면 감정이 혼탁하고 생각도 혼란스러워진다.

To live at random, in the hurly-burly of business or pleasure, without ever reflecting upon the past, to go on, as it were, pulling cotton off the reel of life, is to have no clear idea of what we are about; and a man who lives in this state will have chaos in his emotions and certain confusion in his thoughts.

3/10

"행복이라 불리는 온갖 아름다운 것은 덧없고 일시적이다."

아리스토텔레스가 말했듯 "행복은 자기 완결성에서 나온다."

다른 모든 행복의 원천은 본성상 불확실하고 불안정하며

덧없는 우연의 오락에 불과하다.

아무리 해봐야 끝내 닿을 수 없기에 우리를 지치게 할 뿐이다.

Aristotle says To be happy means to be self-sufficient. For all other sources of happiness are in their nature most uncertain, precarious, fleeting, the sport of chance; and so even under the most favorable circumstances they can easily be exhausted because they are not always within reach.

10/21

"행복은 당신 안에 아주 조금 있을 뿐, 바깥에는 전혀 없다."

프랑스 작가 세바스티앙 샹포르가 쓴 구절은 내 생각과 근본적으로 일치한다.

"르 봉뉴어 네 파 초제 이지: 일 르 트레 디피실 드 르 트레비어 앙 누, 에 앙파시블르 드 르 트루비어 알뤼어, 행복은 쉬이 찾아지지 않는다: 자기 안에서 찾기도 어렵지만 그 바깥에서 찾기는 불가능하다."

It is at bottom, the same thought as is present in the very well-turned sentence from Chamfort "Le bonheur n'est pas chose aisée: il est très difficile de le trouver en nous, et impossible de le trouver ailleurs."

프랑스어

3/11

"지금 불안하다면 괜찮다, 살아있다는 유일한 증거이니."

우리 존재는 점차 사라지는 현재라는 토대에 발을 딛고 서 있다.

생존은 오로지 끝없는 움직임일 뿐, 원하는 안정은 쉽사리 얻어지지 않는다.

계속 돌지 않으면 태양에서 떨어져 나가는 행성 같다.

그러니 생존의 전형적인 모습은 결국 불안이다.

Our existence is based solely on the ever-fleeting present. Essentially, therefore, it has to take the form of continual motion without there ever being any possibility of our finding the rest after which we are always striving. It is like a planet that would fall into its sun as soon as it stopped hurrying onwards. Hence unrest is the type of existence.

"혼자여서 지루한 게 아니다, 평범한 시간을 흥미롭게 채워라."

책이 지루한 것은 주제가 따분해서가 아니다.

옛말에 이르듯, 훌륭한 요리사는 낡은 신발로도 그럴싸한 음식을 만들고,

훌륭한 작가는 말라비틀어진 재료로 흥미로운 결과를 만든다.

It is this, and not the dryness of the subject- matter, that makes most books such tedious reading. There is a saying that a good cook can make a palatable dish even out of an old shoe; and a good writer can make the dryest things interesting.

3/12

"자기 힘으로 사고하고 번민할 때 비로소 진짜 인간이다."

괴테 '파우스트' 속 메피스토펠레스는 말한다.

"휘어 아우프 미트 다이넴 그람 주 슈필렌, 데어 비 아인 가이어 디어 암 레벤 프리스트:

디 슐레츠테스테 게젤샤프트 뢰스트 디히 휠렌 다스 우 다인 멘쉬 미트 멘쉔 비스트,

독수리처럼 당신 생명을 쪼아 먹는 번민을 버려라, 아무리 하찮은 인간과 어울려도

인간과 더불어 비로소 인간이 되나니." 당신은 그 유혹과 정반대로 행동해야 한다.

Mephistopheles said "Hör' auf mit deinem Gram zu spielen, Der, wie ein Geier, dir am Leben frisst: Die schlechteste Gesellschaft lässt dich fühlen Dass du ein Mensch mit Menschen bist." Now and then in actual opposition to the promptings of him.

독일어

10/19

"관계 때문에 괴로운가? 그러면 오늘 완전한 혼자가 되어보라!"

인간은 오로지 혼자 있을 때 온전히 자기 자신이 된다.

고독을 사랑하지 않으면 자유도 사랑할 수 없다.

누구든 혼자여야만 비로소 진정 자유로워진다.

A man can be himself only so long as he is alone; and if he does not love solitude, he will not love freedom; for it is only when he is alone that he is really free.

3/13

"위선이라는 세상의 쇼에 지혜롭게 대처해야 한다."

세상의 영광 대부분은 무대 위 연극처럼 진짜가 아니다.

대포를 터뜨리고 조명을 비추고 북을 치고 나팔을 불고 관객은 소리치고 손뼉 치지만,

그저 시늉과 암시와 기쁨의 모방일 뿐 거기에는 진짜 즐거움이 없다.

Most of the glories of the world are mere outward show, like the scenes on a stage: there is nothing real about them. Firing of cannon, illuminations, beating of drums and blowing of trumpets, shouting and applauding, the pretence and suggestion, as it were the hieroglyphic of joy: but just there, joy is not to be found.

10/18

"오로지 자신에게서 나오는 기쁨을 추구하고 맛보라."

젊을 때부터 마음의 행복과 평화의 원천인 고독을 견디도록 훈련받아야 마땅하다. 자신을 온전히 쏟아부어 자원을 만들어 스스로 만끽하는 것은 인간 최상의 상태다. 키케로가 말했다. "네모 포테스트 논 베아티시무스 에세 퀴 에스트 토투스 압투스 엑스 세세, 퀴케 인 세 우노 포니트 옴니아, 자신에서 전적으로 의지하고 모든 걸 스스로에 맡기는 자보다 더 행복한 사람은 없다."

The young should early be trained to bear being left alone; a source of happiness and peace of mind. It follows from a man is best off if he be thrown upon his own resources and can be all in all to himself; as Cicero says "nemo potest non beatissimus esse qui est totus aptus ex sese, quique in se uno ponit omnia."

라틴어

3/14

"천국은 이상일 뿐, 현실은 오히려 지옥의 모습에 더 가깝다."

단테는 신곡에서 지옥을 표현하기 위한 자료를 세상에서 가져왔다.

그걸로 충분했다.

하지만 천국과 환희를 묘사할 때는 큰 난관에 부딪혔다.

그걸 묘사할 재료가 우리 세상엔 전혀 없었기 때문이다.

Dante take the materials for his hell from this our actual world. And yet he made a very proper hell of it. On the other hand, he came to the task of describing heaven and its delights, he had an insurmountable difficulty before him, for our world affords no materials at all for this.

10/17

"고독한 시간을 누리는 특권은 아무에게나 주어지는 게 아니다."

방해받지 않는 혼자만의 시간은 보통 사람은 누리지 못하는 특권이다.

인간 본성과도 맞지 않는다.

보통 사람은 자기나 가족의 생계를 조달하느라 평생을 보낸다.

자유로운 지성이 아니라, 투쟁과 필요의 자식이다.

To be in possession of undisturbed leisure, is far from being the common lot; it is something alien to human nature, for the ordinary man's destiny is to spend life in procuring for the subsistence of himself and family; he is a son of struggle and need, not a free intelligence.

3/15

"두 가지 삶을 모두 살아야 진정 성숙한 인간이라 할 수 있다."

특별한 몇몇 사람은 일상적 인생과 지적 인생 두 가지를 병행한다.

후자는 지성과 개체성을 펼치는 진짜 삶이고, 전자는 단지 수단으로서의 삶이다.

슬프게도 대다수 사람은 얄팍하고 공허하며 문제투성이인,

수단으로서의 삶만 살다가 최후를 맞이한다.

A man who is privileged leads two lives, a personal and an intellectual life; and the latter gradually comes to be looked upon as the true one, and the former as merely a means to it. Other people make this shallow, empty and troubled existence an end in itself.

10/16

"우둔한 자는 축제도 지루하고 지혜로운 자는 혼자도 즐겁다."

완전한 고독 속에 있는 지적인 사람은 내면의 생각과

판타지 속에서 가장 뛰어난 여흥을 찾는다.

극장, 여행, 오락… 아무리 다채롭고 인기 높은 유흥도

아둔함이 안기는 권태를 막을 순 없다.

An intellectual man in complete solitude has excellent entertainment in his own thoughts and fancies, while no amount of diversity or social pleasure, theatres, excursions and amusements, can ward off boredom from a dullard.

3/16

"덧없고 부수적인 가치 말고 오래 지속될 가치를 지향하라."

인간의 의식은 행동과 고통 속에서 존재하고 지속되는 요소다.

삶의 매 순간 존속되는 인간의 개체성 외에 다른 것은 모두 일시적이고 부수적이며 덧없다.

아리스토텔레스는 말한다.

"해 갈 푸시스 베비온 오유 타 크라에마타, 부유함이 아니라 개체성만이 오래 남는다."

The constitution of our consciousness is the ever present and lasting element in all we do or suffer; our individuality is persistently at work, every moment of our life: all other influences are temporal, incidental and fleeting. This is why Aristotle says "hae gar phusis bebion ou ta chraemata."

그리스어

"유행과 시류에 끌려다니지 마라. 거기엔 소중한 것이 없으니."

최신 것이 가장 오류가 적고 훌륭하다고 생각하면 큰 오산이다.

변화가 곧 발전은 아니다.

진짜 사상가, 올바른 판단력을 가진 자, 자기 주제를 깊이 사고하는 자는 예외다.

There is no greater mistake than to suppose that the last work is always the more correct; and that change always means progress. Real thinkers, men of right judgment, people who are in earnest with their subject, these are all exceptions only.

3/17

"행운과 불운은 인생의 평형을 맞추는 각자의 기능을 한다."

불행도 쓰임새가 있다.

대기압이 없으면 우리 몸의 골격은 무너진다.

삶에서 필요, 고난, 역경이 사라지고 성공과 행운만 남으면 어떻게 될까?

인간은 오만함으로 부풀어 오르다 못해 억제되지 않은 어리석음에 휘말려 결국
미쳐버린다.

Misfortune has its uses as our bodily frame would burst asunder if the pressure of the atmosphere was removed. If everything they took in hand were successful, they would be so swollen with arrogance that, though they might not burst, they would present the spectacle of unbridled folly, they would go mad.

"욕망에 휩싸여 지혜라는 풍요한 자원을 해치지 않도록 조심하고 자중하라."

자연과 운명에서 지혜의 축복을 받은 자 행복하다.

그러니 행복의 분수가 마르지 않도록 주의하고 조심하라.

오직 필요한 것이 바로 독립과 느긋함이다.

욕망을 절제하고 가진 자원을 잘 보존해야 한다.

The man to whom nature and fate have granted the blessing of wisdom, will be most anxious and careful to keep open the fountains of happiness in himself, independence and leisure are necessary. To obtain them, willing to moderate desires and harbor resources.

3/18

"세상의 자연스러운 패턴에 도덕적 균형 따위는 없다."

흔히 고통보다 즐거움이 더 크다고 한다.

적어도 고통이 있으면 그만큼의 행복도 있다고 한다.

그런데 행과 불행이 정말 같은 비율로 올까? 사실인지 알려면 피식자와 포식자를 보라.

둘의 행과 불행은 같은 비율인가?

The pleasure in this world, it has been said, outweighs the pain; or, at any rate, there is an even balance between the two. If the reader wishes to see shortly whether this statement is true, let him compare the respective feelings of two animals, one of which is engaged in eating the other.

10/13

"걱정 없이 살아라, 걱정해 봐야 달라지는 건 없으니."

깨달은 자는 인생에 큰 기대가 없다.

세상 무엇에도 열정을 낭비하지 않고, 설령 실패해도 크게 개의치 않는다.

플라톤이 말했다.

"오우 티 탄 안트로피논 학시온 온 메갈라스 스포데스,

인간의 일 무엇도 크게 걱정할 가치가 없다."

He will have no great expectations from anything or any condition in life. he will spend passion upon nothing in the world, nor lament over-much if he fails in any of his undertakings. He will feel the deep truth of what Plato says "oute ti ton anthropinon haxion on megalaes spondaes."

그리스어

3/19

"이상적 행복에 대한 망상이 더 큰 고통만 생겨나게 한다."

극도의 낙관적 이상이 오히려 실패로 이어진다는 것을 깨닫지 못하는 자 불행하다.

고통에서 벗어난 순간 끊임없이 솟는 갈망.

그것은 현실에 존재하지도 않고 현실을 부정하게 만드는

'행복이라는 환영'을 만들어 더 큰 고통만 안겨준다.

The failure to recognize truth-a failure promoted by optimistic ideas-is the source of much unhappiness. In moments free from pain, our restless wishes present, as it were in a mirror, the image of a happiness that has no counterpart in reality, seducing us to follow it; in doing so we bring pain upon ourselves, and that is something undeniably real.

10/12

"인생은 약간의 희극이 가미된 아름답고 가련한 비극이다."

인간은 도덕적으로 얼마나 가치 있는가? 운명 전반을 보면 알 수 있다.

인간의 운명은 결핍, 비참함, 슬픔, 고통, 죽음이다.

여기에 숭고한 타당성이 있다.

인간이 정말 가치 없는 존재라면, 운명이 이토록 애처로울 리 없다.

Do we desire to know what men, morally considered, are worth as a whole and in general, we have only to consider their fate as a whole and in general. This is want, wretchedness, affliction, misery, and death. Eternal justice reigns; if they were not, as a whole, worthless, their fate, as a whole, would not be so sad.

3/20

"바깥에서 찾는 즐거움은 허망하며 쉽게 허기진다."

높은 수준의 지적 능력으로 자신만의 특별한 즐거움을 누릴 수 있는 사람.

그런 사람에게 인류가 흔히 추구하는 대다수 즐거움은 거추장스러울 뿐 아니라

심지어 골칫거리나 부담이 된다.

To one who has the constant delight of a special individuality, with a high degree of intellect, most of the pleasures which are run after by mankind are simply superfluous; they are even a trouble and a burden.

10/11

"시끄럽고 방해받아 탁해진 영혼을 고독으로 정화하라."

친구, 동반자를 포함해 그 누구와도 완벽히 맞을 수 없다.

사소한 개성과 기질 차이로도 불일치가 생겨난다.

심오한 마음의 평화와 영혼의 완벽한 평온은 오직 고독 속에서만 가능하다.

No man can be in perfect accord with any one but himself-not even with a friend or the partner of his life; differences of individuality and temperament are always bringing in some degree of discord. That genuine, profound peace of mind, that perfect tranquillity of soul, which is the highest blessing the earth can give, is to be attained only in solitude.

3/21

"행복이라 믿는 곳으로 애써 나아가지 마라, 그저 살면 된다."

플라톤이 말한 대로 우리는 계속될 뿐 완결된 존재가 아니다.

평생 행복이라 믿는 곳을 향하지만, 누구도 행복하지 않고 결국 환멸만 얻는다.

결국 대개는 난파당해서 돛대가 부러진 채 항구로 돌아오게 마련이다.

As Plato says continual Becoming and never Being is all that takes place. First of all, no man is happy; he strives his whole life long after imaginary happiness, which he seldom attains, and if he does, then it is only to be disillusioned; and as a rule he is shipwrecked in the end and enters the harbour dismasted.

"본질이 초라한 자들은 공작의 깃털로 꾸며 아름다운 척한다."

훌륭한 의전으로 환대받는 예복 차림의 고귀한 손님들이 가득한 곳.

그런 곳이 고귀하고 훌륭한 모임이라 착각하기 쉽다.

그러나 정작 그곳을 채운 진짜 손님은 강박, 고통, 권태다.

A roomful of guests in full dress, being received with great ceremony. You could almost believe that this is a noble and distinguished company; but, as a matter of fact, it is compulsion, pain and boredom who are the real guests.

3/22

"필요 없거나 쓸모없는 사람은 없다, 저마다의 가치가 있다."

아이, 청소년, 심지어 어른이 되어서까지 주변의 인정을 받지 못하고

불필요한 취급을 받는 이들이 있다.

그러나 내버려 두라. 그는 절대 죽지 않는다.

적당한 때가 와서 그들의 가치를 아는 이들을 데려다줄 것이다.

As a child, as a youth, often even as a full-grown man, he goes about among his fellows, looking like them and seemingly as unimportant. But let him alone; he will not die. Time will come and bring those who know how to value him.

10/9

"외롭지 않기 위해 저속한 이들과 친해질 필요는 없다."

대체로 지적 빈곤함이나 천박함과 사교성은 정비례한다.

세상에서 선택할 수 있는 한쪽에 고독이 있다면, 다른 한쪽에는 저속함이 있다.

As a rule, it will be found that a man is sociable just in the degree in which he is intellectually poor and generally vulgar. For one's choice in this world does not go much beyond solitude on one side and vulgarity on the other.

3/23

"오늘 하루는 인생이라는 작품을 만드는 하나하나의 소중한 부속이다."

우리는 매일 매일이 대체 불가한 인생의 필수적 부분이란 걸 쉽게 망각한다.

하루가 파괴되어도 인생 전반이 이상적이고 부나 명성을 얻으면

별문제가 없다고 생각하곤 한다.

We are apt to forget that every day is an integral and therefore irreplaceable portion of life, and to look upon life as though it were a collective idea or name which does not suffer if one of the individuals it covers is destroyed.

10/8

"내 안에 많은 게 있는 사람은 관계에서 얻을 것이 적다."

위대한 지성의 소유자는 필수적인 동료와 짧게 교류하고

스스로 물러나 고독한 삶을 선택한다.

자신 안에 더 많은 게 있는데, 굳이 다른 이한테 뭔가를 갈망할 필요가 없기 때문이다.

After a little experience of his so-called fellowmen, he will elect to live in retirement, or even, if he is a man of great intellect, in solitude. For the more a man has in himself, the less he will want from other people.

3/24

"청춘은 청춘답게 살아라, 좌절이나 죽음 따위 모르는 듯이."

청춘이 쾌활하고 생동감 있는 것은 삶이라는 언덕을 오르는 동안에는

반대편 바닥의 죽음이 안 보이기 때문이다.

언덕 꼭대기를 찍고 내려오기 시작하면,

이전까지는 소문으로만 알던 죽음이 비로소 눈에 들어온다.

The cheerfulness and vivacity of youth are partly due to the fact that, when we are ascending the hill of life, death is not visible: it lies down at the bottom of the other side. But once we have crossed the top of the hill, death comes in view, until then, was known to us only by hearsay.

10/7

"진짜 자존감과 즐거움은 나 자신에게서 나온다."

바깥세상의 자존감과 즐거움은 바보의 둔한 의식을 비출 수 없다.

세르반테스가 말년에 비참한 감옥에서

엄청난 상상력을 발휘해 '돈키호테'를 썼던 걸 기억하라.

삶과 현실의 절반은 운명의 손아귀에 있지만, 나머지 절반은 나 자신에게 있다.

All the pride and pleasure of the world, mirrored in the dull consciousness of a fool, are poor indeed compared with the imagination of Cervantes writing his Don Quixote in a miserable prison. The objective half of life and reality is in the hand of fate, the subjective half is ourself.

3/25

"인생에서 어떤 역할을 맡아도 멋지고 행복하게 연기하라."

계급이나 재산 차이는 그저 모든 이들에게 주어진 연극 배역과 같다.
결코 내면의 행복이나 희열 차이와 직결되지 않는다.

Differences of rank and wealth give every man his part to play, but this by no means implies a difference of inward happiness and pleasure.

10/6

"진정 홀로 서려면 기초적 경제력이 뒷받침되어야 한다."

부를 쌓으려 애쓰기보다 건강을 유지하고 능력을 키우는 걸 목표로 삼는 편이 현명하다.
하지만 기초적 삶의 유지에 필요한 재화를 얻는 것까지 소홀해도 된다는 의미로
오해하면 곤란하다.

It is manifestly a wiser course to aim at the maintenance of our health and the cultivation of our faculties, than at the amassing of wealth; but this must not be mistaken as meaning that we should neglect to acquire an adequate supply of the necessaries of life.

3/26

"잘될 때는 어려움을 대비하고 힘들 때는 기쁨을 추억하라."

반대를 상상하는 것은 도움이 된다.

잘될 때 불운을, 우정을 쌓을 때 불화를, 좋은 날씨에 흐려질 때를,

사랑할 때 증오를, 믿을 때 배신당해 후회할 때를 상상하라.

반대로 사악한 곤경에 처했을 때 행복했던 활기찬 감각을 상기하라.

그보다 더 세상의 지혜가 담긴 커다란 원천이 어디 있겠는가!

It is well to picture to yourself the opposite: in prosperity of misfortune; in friendship of enmity; in good weather of sky is overcast; in love of hatred; in moments of trust to imagine the betrayal that will make you regret; when you are in evil plight, to have a lively sense of happier times-what a lasting source of true worldly wisdom were there!

10/5

"소박하고 단순하게 사는 삶이 행복과 연결될 수 있다."

너무 지루하진 않게, 그러나 가능한 단순하고 건조하게 살면 행복에 도움이 된다.
삶을 위해 꼭 필요한 것만 있으면 되니까, 그만큼 부담감이 줄어든다.

Simplicity as far as it can be attained, even monotony in our manner of life, if it does not mean that we are bored, will contribute to happiness just because under such circumstances, life and consequently the burden which is the essential concomitant of life will be least felt.

3/27

"삶은 비극적 결말을 알면서도 즐겁게 나아가는 항해와 같다."

인생은 암초와 급류로 가득한 바다와 같다.

모든 노력과 기술을 동원해 조심하며 피한다 해도,

결국 회복 불가한 난파선이 되는 걸 누구도 피할 수 없다.

인생은 계속 죽음에 가까워지며 나아가는 것이다.

Life is a sea, full of rocks and whirlpools, which man avoids with the greatest care and solicitude, although he knows that even if he succeeds in getting through with all his efforts and skill, he yet by doing so comes nearer at every step to the greatest, the total, inevitable, and irremediable shipwreck, death.

"내면의 중심을 세우고 바깥의 지혜를 가져와 적절히 쓰라."

모두는 각자 자기 세계에 산다.

자기 생각, 감정, 의지는 통역 없이도 즉각 자각한다.

그런데 바깥 세계는 어떨까?

그곳에 아무리 많은 요소가 있어도 우리 삶에 가져오는 만큼만 영향을 미친다.

Every one lives in a world of his own. For a man has immediate apprehension only of his own ideas, feelings and volitions; the outer world can influence him only in so far as it brings these to life.

$3/28$

"세상과 현상의 진짜 실체를 알면 불안의 이유도 알 수 있다."

우리는 미칠 듯 포효하는 망망대해에서 조각배 하나에 몸을 의지한 사공이다.

고통으로 가득한 세계 한복판에 있지만, 자신이 상황을 제대로 보고 있다 믿으며

태연자약하다.

Just as a sailor sits in a boat trusting to his frail barque in a stormy sea, unbounded in every direction, rising and falling with the howling mountainous waves; so in the midst of a world of sorrows the individual man sits quietly, supported by and trusting to the way in which the individual knows things as phenomena.

10/3

"나는 내가 만든 의식의 크기만큼의 공간에 산다."

쉽게 말해, 모든 사람은 자의식이라는 한계에 갇혀 있다.

그걸 넘어 외피 바깥으로 갈 수 없다.

외부에서 아무리 도와주어도 오롯이 자기 힘으로 헤쳐 나가야 한다.

In plain language, every man is pent up within the limits of his own consciousness, and cannot directly get beyond those limits any more than he can get beyond his own skin; so external aid is not of much use to him.

3/29

"행복을 누리는 데 조건과 자격 따위는 필요 없다."

젊고 잘생기고 부유하며 존경받는 누군가가 행복해 보인다면, 묻겠다.

그가 유쾌하고 상냥한가?

그럼 젊든 늙든, 곧은 몸이든 굽은 몸이든, 가난하든 부자든 무슨 상관인가?

그는 이미 행복한 사람인 것을.

If you know anyone who is young, handsome, rich and esteemed and he is happy, ask, Is he cheerful and genial? and if he is, what does it matter whether he is young or old, straight or humpbacked, poor or rich? he is happy.

10/2

"내면의 본질로부터 행복과 복지를 만들 재료가 나온다."

에피쿠로스학파 주창자인 메트로도로스는 썼다.

"나 자신으로부터 받는 행복이 주변 모두로부터 받는 것보다 크다."

인간의 안녕은 존재의 취지가 그러하듯,

무엇으로 만들어졌는가 하는 내면의 본질이 기본 요소다.

Metrodorus, the earliest disciple of Epicurus wrote "The happiness we receive from ourselves is greater than that which we obtain from our surroundings." And it is an obvious fact that the principal element in a man's well-being, in the whole tenor of his existence, is what he is made of, his inner constitution.

3/30

"큰 그림으로 보면 지금, 이 순간은 얼마나 아름답고 행복한가."

우리 인생은 거친 모자이크 그림과 같다.

가까이 보면 가치가 없고 멀리 보아야 아름답다.

우리는 원하던 걸 얻으면 공허하다는 걸 알지만,

언제나 부질없이 더 나은 걸 기대하고 지나간 걸 후회하고 그리워한다.

The scenes of our life are like pictures in rough mosaic, which have no effect at close quarters, but must be looked at from a distance in order to discern their beauty. So that to obtain something we have desired is to find out that it is worthless; we are always living in expectation of better things, while, at the same time, we often repent and long for things that belong to the past.

10/1

"홀로 섰을 때 당신은 누구이며 무엇을 하려 하는가?"

누구라도 타인이나 바깥 세계에 많은 걸 기대해선 안 된다.

개인과 개인 간에 좋은 교환이 일어날 공산은 거의 없다.

결국 우린 모두 단독자이며, 중요한 것은 홀로일 때 누구냐 하는 것이다.

No man ought to expect much from others, or, in general, from the external world. What one human being can be to another is not a very great deal: in the end every one stands alone, and the important thing is who it is that stands alone.

3/31

"고통받는 자 행복하다, 그것에서 벗어날 자유가 있으니!"

나는 만족이나 복지가 인격에는 부정적이라고 꾸준히 주장해 왔다.

행복은 즐거움이나 쾌락의 총량으로 측정되는 것이 아니라,

존재의 긍정적 본질인 고통에서 얼마나 자유로운가로 측정되어야 한다.

I have reminded that every state of welfare, every feeling of satisfaction, is negative in its character; it consists in freedom from pain, which is the positive element of existence. It follows that the happiness of any given life is to be measured, not by its joys and pleasures, but by the extent to which it has been free from suffering from positive evil.

OCTOBER

*River Landscape with Sailing Boats and a
Horse-Drawn Barge (1660)*
- Jacob Salomonsz. van Ruysdael

Stand Alone

10월 | 홀로서기

고독이야말로 인간 삶의 궁극적 지향

Winter Landscape at Arnhem (1653)
- Jacob Salomonsz. van Ruysdael

9/30

"명성은 당대에 주어지지 않고 시간이 흐를수록 분명해진다."

때때로 충돌 소리 들리고 새로운 생각의 조각이 이제 막 발굴된 보물처럼 나타난다.

반응은 아주 느리게 따라온다.

연사가 연단을 떠난 후에야 사람들은 들을 가치가 있었음을 깨닫는다.

From time to time a crash is heard and suddenly the new fabric of thought stands revealed, as though it were a monument just uncovered. This all comes to pass for the most part very slowly. People discover a man to be worth listening to only after he is gone.

APRIL

River Landscape with a Ferry (1656)
- Jacob Salomonsz. van Ruysdael

Wound and Suffering

4월 | 고통과 상처

당신만 힘들고, 희생한다고 생각될 때

9/29

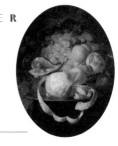

"진정 필요도 없는 걸 얼마나 더 가져야 하겠나?"

호라티우스는 말했다. "젬마스, 마르모르, 에부르, 티르헤나 시질라, 타벨라스, 아르젠툼, 베스티스, 게툴로 무리체 틴타스 순트 퀴 논 아벤트, 에스트 퀴 논 쿠라트 하베레, 보석 대리석 상아 물개 몰약… 그런 것에 목을 매는 사람도 있고, 그런 건 전혀 개의치 않는 사람도 있다." 소크라테스도 장터에서 온갖 사치품을 보고 한탄했다.

"세상엔 내가 원하지 않는 게 얼마나 많은가!"

Horace says "Gemmas, marmor, ebur, Tyrrhena sigilla, tabellas, Argentum, vestes, Gaetulo murice tinctas Sunt qui non habeant, est qui non curat habere." and when Socrates saw various articles of luxury spread out for sale, exclaimed "How much there is in the world I do not want."

라틴어

4/1

"유한한 존재로서 무한한 욕망을 품는 한, 인간은 고통 속에 산다."

존재에는 적지 않은 고통이 따른다.

시간은 우리가 숨도 쉬지 못하게 쉼 없이 압박하고, 채찍 든 감시자처럼 뒤쫓는다.

시간을 누를 수 있는 건 오직 권태와 비참함에 머무는 아주 잠시만이다.

No little part of the torment of existence lies in this, that Time is continually pressing upon us, never letting us take breath, but always coming after us, like a taskmaster with a whip. If at any moment Time stays his hand, it is only when we are delivered over to the misery of boredom.

"갖고 싶은 게 모두 주어진 삶이 행복하리란 건 착각이다."

부는 엄밀히 행복에는 거의 도움 되지 않는 사치품이다.
부자 다수는 진정한 정신적 문화와 지식의 결핍에 시달리고, 지적인 작업으로 누리는
실질적 혜택으로부터 소외되어 불행하다고 느낀다.

Wealth, in the strict sense of the word, great superfluity, can do little for our happiness; and many rich people feel unhappy just because they are without any true mental culture or knowledge, and consequently have no objective interests which would qualify them for intellectual occupations.

4/2

"고통은 기억과 생각 속에서 본래 모습보다 더 크고 강해진다."

고통은 오직 현재에 국한해 실재하는 현상이다.

일시적이며, 과중하거나 지속되는 특성이 없다.

견딜 수 없는 엄청난 고통이란

오로지 생각 속에만 존재하며 기억 속에만 남아있을 뿐이다.

All suffering is as an actual event confined to the present. It is thus merely transitory, and is consequently never excessively heavy; it only becomes unendurably great when it is lasting pain; but as such it exists only in thought, and therefore lies in the memory.

"내면의 부유함을 측정하면 그대는 부자인가 빈자인가?"

영혼의 부유함이 유일하고 진정한 부다.

다른 부자들은 여기선 명함도 못 내민다.

내면이 부자인 사람은 지적 능력을 키우고 성숙시킬 수 있고 방해받지 않는

느긋함이라는 선물 외에 무엇도 바라지 않는다.

The wealth of the soul is the only true wealth, for with all other riches comes a bane even greater than they. The man of inner wealth wants nothing from outside but the negative gift of undisturbed leisure, to develop and mature his intellectual faculties, that is, to enjoy his wealth.

4/3

"인간은 고통에서 살아갈 힘을 얻는다는 역설을 받아들여라."

고통은 직접적이고 즉각적인 삶의 원동력이다.

고통이 없으면 인생은 목표를 잃는다.

세상 곳곳의 고통을 모두 헤아리는 일은 어리석다.

삶의 필요와 필수품이 거기서 나온다는 것만 알면 된다.

개인의 불운은 의외성을 갖지만, 불운 자체는 삶의 기본 규칙이다.

Unless suffering is the direct and immediate object of life, our existence must entirely fail of its aim. It is absurd to look upon the enormous amount of pain that abounds everywhere in the world, and originates in needs and necessities inseparable from life itself. Each separate misfortune seems to be something exceptional; but misfortune in general is the rule.

9/26

"넘치고 넘치는 재산을 가져서 무엇을 하려는가."

열심히 살아서 운 좋게 상당한 자산을 갖게 되었다손 치자.

자손에게 물려줘 봐야 잘하면 유지하지만 삐끗하면 탕진한다.

많은 이들이 중요하다고 여기고 진지하게 추구하는 삶의 가치가

다른 이들 눈엔 광대 모자처럼 우스꽝스럽다.

If he is lucky, his struggles result in his having a really great pile of gold, which he leaves to his heir, either to make it still larger, or to squander it in extravagance. A life like this, though pursued with a sense of earnestness and an air of importance, is just as silly as many another which has a fool's cap for its symbol.

4 / 4

"짐승은 감정을 합산하지 않는다, 인간만 저금하듯 쌓아둔다."

열정은 결핍에서 나오며, 장차 행하는 모든 일에 강렬한 영향을 미친다.

결핍은 근심, 희망, 두려움의 진짜 원천이며,

우리는 결핍이 주는 쾌락과 고통을 차곡차곡 쌓으면서 더욱 그것에 속박된다.

The chief source of all this passion is that thought for what is absent and future, which, with man, exercises such a powerful influence upon all he does. It is this that is the real origin of cares, hopes, fears-emotions which affect much more deeply than could ever be the case with those present joys and sufferings to which the brute is confined.

9/25

"의지는 삶뿐 아니라 고통의 원천이라는 것을 기억하라."

욕망의 만족은 영원하지 않고 일시적이다.

걸인에게 동냥을 주는 것과 같으니, 오늘은 살아남아도 내일은 다시 고통스럽다.

의식이 의지로 가득 차 희망과 두려움으로 끝없는 욕망에 굴복하는 한,

우리는 결코 행복이나 평화를 얻을 수 없다.

No attained object of desire can give lasting satisfaction, but merely a fleeting gratification; it is like the alms thrown to the beggar, that keeps him alive to-day that his misery may be prolonged till the morrow. So long as our consciousness is filled by our will, throng of desires with their constant hopes and fears, we can never have lasting happiness nor peace.

4/5

"고민이 있다면 혼자 속을 끓이지 말고 조언을 청하라."

누구든 자기 일이 아닌 것에는 가장 정확하고 뛰어난 판단력을 발휘한다.

의지가 지성을 손상하기 때문이다.

그러므로 누구라도 상담할 상대가 필요하다.

For a man may have the most correct and excellent judgment in everything else but in his own affairs; because here the will at once deranges the intellect. Therefore a man should seek counsel.

9/24

"칭송과 명성은 진짜 가치가 아니니 일희일비하지 마라."

베토벤과 모차르트는 생전에 어땠나?

단테는? 셰익스피어는? 만약 셰익스피어가 당대에 얼마라도 가치를 인정받았다면,

지금까지 어딘가 그의 초상화가 남아있어야 하리라.

Beethoven and Mozart during their lives? what of Dante? what even of Shakespeare? If the latter's contemporaries had in any way recognized his worth, at least one good and accredited portrait of him would have come down to us.

4/6

"어이없이 고통으로부터 호되게 뒤통수 맞는 것, 그것이 인생이다."

의심을 떨치고 삶과 세상을 제대로 파악할 나침판이 필요한가?

인류 최초의 철학자 알렉산드리아의 클레멘트는 우리 세계를 일컬어

"에르가스타에리온, 고해소 혹은 죄수 유형지"라고 했다.

그 의견이 옳다.

If you want a safe compass to guide you through life, and to banish all doubt as to the right way of looking at it, you cannot do better than accustom yourself to regard this world as a penitentiary, a sort of a penal colony, or "ergastaerion" as the earliest philosopher called it.

그리스어

9/23

"평온하고 유유자적하며 자족적인 삶이야말로 축복이다."

겉으로 보이는 걸 위해 내면을 희생하는 건 얼마나 어리석은가.

호사, 계급, 허세, 직함, 명예 따위와 평온, 느긋함, 독립성을 맞바꾼다고?

그것과는 전혀 다른 쪽으로 이끌었으니, 나는 얼마나 운이 좋은가.

It is a great piece of folly to sacrifice the inner for the outer man, to give the whole or the greater part of one's quiet, leisure and independence for splendor, rank, pomp, titles and honor. My good luck drew me quite in the other direction.

4/7

"열정이 안겨주는 쾌락이 혼란과 고통을 주기도 한다."

젊음은 행복하고 나이 드는 것은 슬프다?

열정만이 행복의 원천이라 믿는다면 맞는 말이다.

젊음은 열정에 휘둘려 작은 즐거움과 더 큰 고통에 쉽게 빠진다.

반면 나이 들면 열정이 식어 쉴 수 있고

마음이 사색의 어조를 취하며 지성이 자유로이 우위를 점한다.

It is customary to call youth the happy, and age the sad part of life. This would be true if it were the passions that made a man happy. Youth is swayed to and fro by them; and they give a great deal of pain and little pleasure. In age the passions cool and leave a man at rest, and then forthwith his mind takes a contemplative tone; the intellect is set free and attains the upper hand.

9/22

"나를 가장 잘 평가할 수 있는 것은 나 자신이다."

사람을 행복하게 하는 건 명성이 아니다.

도덕적·지적 장점이 발현되는 기질과 역량으로 행복해진다.

자신이 가진 자질 중 중요하고 훌륭한 것이 무엇인지는

타인이 아닌 그 자신이 가장 잘 안다.

The truth is that a man is made happy, not by fame, but by that which brings him fame, by his merits, by the disposition and capacity from which his merits proceed whether they be moral or intellectual. The best side of a man's nature must of necessity be more important for him than for anyone else.

4/8

"고통은 경험한 자에게 더 두렵게 마련이다, 그래도 사는 게 인생이다."

인간은 불행에 빗장을 걸 수 있다면,

시간, 노력, 돈, 안락함, 자신의 가능성까지 주저 없이 바친다.

가장 끔찍한 불행은 일어날 가능성이 작고, 대다수와는 거리가 멀다.

그러니 보험을 들고 걱정은 내려놓기를 바란다.

A man should not hesitate about spending time, trouble, and money, or giving up his comfort, or restricting his aims and denying himself, if he can thereby shut the door on the possibility of misfortune. The most terrible misfortunes are also the most improbable and remote-the least likely to occur. Therefore take out your policy of insurance!

9/21

"지성을 발휘하는 느긋하고 자유로운 시간이 소중한 자산이다."

지성이라는 자산을 선물 받은 이는 제일 행복하다.

행복은 영혼의 느긋함에서 나온다.

아리스토텔레스는 말했다.

"아엘루토스 호 타스 피시스 플루투스 모노스 에스틴 알레이츠 탈라 디세이 아타엔

플레이아 탄 케이티아논, 영혼의 부富가 진짜 부이며 그보다 더 큰 부는 그저 독이다."

The man whom nature has endowed with intellectual wealth is the happiest. Happiness appears to consist in leisure, says Aristotle "Aeloutos ho taes psychaes ploutus monos estin alaethaes Talla dechei ataen pleiona ton kteanon."

그리스어

4/9

"만사에 무작정 낙관적인 것보다 어느 정도 비관적인 편이 낫다."

불행이 오기 전 차분히 무슨 일이든 벌어질 수 있다고 생각한다면.

최악의 경우 어떤 영향을 미칠지 미리 충분히 생각한다면.

그래서 적어도 우리가 어떻게 될지 찬찬히 판단할 수 있다면.

진짜 불행이 닥쳤을 때 무게가 덜 느껴지고 과도하게 우울하지 않게 된다.

If, before this misfortune comes, we have quietly thought over it as something which may or may not happen, the whole of its extent and range is known to us, and at least determine how far it will affect us; if it really arrives, it does not depress us unduly-its weight is not felt to be greater than it actually is.

9/20

"부지런히 모으고 쌓는 데에만 골몰하지 마라."

재산을 보존하는 일은 필연적인 엄청난 불안을 수반한다.

따라서 부는 어떤 의미로 행복의 방해물이다.

그러나 여전히 많은 이들이 문화를 만끽하는 것보다

부자가 되는 데 천 배의 노력을 기울인다.

Wealth rather disturbs because the preservation of property entails a great many unavoidable anxieties. Still men are a thousand times more intent on becoming rich than on acquiring culture.

4/10

"인생의 기본값은 고통이다. 그저 견디며 살아갈 뿐이다."

인생은 즐기는 게 아니라 극복하고 견디는 것이다.

"데제레 비탐, 비타 데푼지, 인생을 살라 그저 살아내라."

"씨 스캄파 코지, 이 얼마나 벗어나기 힘든가!"

"만 무스 수헨 두르추콤멘, 안간힘을 써서 통과하라."….

노년이 되어 삶의 고통이 끝나간다고 생각하니 실로 위로가 된다.

라틴어

이탈리아어

독일어

There is no doubt that life is given us not to be enjoyed, but to be overcome to be got over. There are numerous expressions illustrating this, "degere vitam, vita defungi", "si scampa cosi", "man muss suchen durchzukommen" and so on. In old age it is indeed a consolation to think that the work of life is over and done with.

9/19

"행복을 인정, 대가, 소유에서 찾는 것은 허망하고 권태롭다."

지적 생활은 권태와 그 해악까지 막아준다.

행복을 전적으로 바깥세상에 맡긴 자에게 닥칠 위험, 불행, 손실, 방종 같은 달갑지 않은

손님을 막아준다. 나를 보라.

철학으로 고작 6펜스도 벌지 못했지만, 얼마나 많은 허비를 막아줬는가!

The life of the mind is not only a protection; also wards off the pernicious effects of boredom; it keeps us from bad company, many dangers, misfortunes, losses and extravagances which the man who places his happiness entirely in the objective world, My philosophy, has never brought me in a six-pence; but it has spared me many an expense.

4/11

"인간을 흉포하게 만드는 것은 내면의 고통과 두려움이다."

사람들은 타자를 괴롭히는 인간 특성을 악의 본성이라고 하는데

그것은 완전한 설명이 아니다.

끊임없는 존재의 고통으로 괴로운 나머지,

타자에게 고통을 줌으로써 자기 고통을 덜려는 삶의 의지.

나는 이렇게 정의한다.

People may call the radical evil of human nature-a name which will at least serve those with whom a word stands for an explanation. I say, however, that it is the will to live, which, more and more embittered by the constant sufferings of existence, seeks to alleviate its own torment by causing torment in others.

9/18

"가꾸고 노력하지 않은 것에서 결실을 얻으려 하지 마라."

본래 재산에 대한 권리는 오로지 '노동'으로 부여되었다.

최초 법전 고대 인도의 마누법전에 나온 대로다.

"비옥한 밭은 나무를 베고 개간하고 경작한 이의 재산이고,

영양은 치명적 일격을 가한 첫 번째 사냥꾼의 것임을 지혜로운 자는 안다."

It follows moral right of property is based simply and solely on work, and is distinctly and beautifully expressed in the oldest of all codes of law "Wise men who know the past explain that a cultured field is the property of him who cut down the wood and cleared and ploughed it, as an antelope belongs to the first hunter who mortally wounds it."

4/12

"잃어버린 돈 생각하며 자책하지 마라. 실수에서 배운 훈련비일 뿐이다."

사기당해서 잃은 돈은 가장 유용하게 쓰였다 할 수 있다.

단번에 신중함이라는 덕목을 구매했기 때문이다.

Money is never spent to so much advantage as when you have been cheated out of it; for at one stroke you have purchased prudence.

9/17

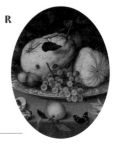

"얼마나 가져야 만족할까? 바닷물을 마시면 해갈은 없다."

얼마면 만족한다는 절대적이고 확실한 기준은 없다.

부를 향한 욕망의 한계도 정의하기 어렵다. 부는 언제나 상대적이다.

원하는 것과 얻은 것의 비율만큼, 가진 것과 갖고 싶은 것의 비율도 있다.

분자는 있지만 분모는 없는 분수처럼 계산 불가다.

It is difficult to define the limits on the desire for wealth; there is no absolute or definite amount of wealth which will satisfy. The amount is always relative, between what he wants and what he gets; a man's happiness only measured by what he gets, is as futile as to try and express a fraction which shall have a numerator but no denominator.

4/13

"후회와 자책이 창살인 과거라는 감옥에 갇히지 마라."

충족되지 못한 욕망으로 인한 고통은 후회나 자책의 고통보다 작다.

전자는 알 수 없는 열린 미래를 향하지만,

후자는 돌이킬 수 없는 닫힌 과거를 향하기 때문이다.

The pain of an ungratified desire is small compared with that of repentance; for the former has to face the immeasurable, open future; the latter the past, which is closed irrevocably.

9/16

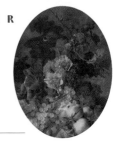

"인간 삶이 고달픈 이유는 끝없는 갈망 때문이 아닌가."

욕망에서 욕망으로, 그리스 신화 속 밑 빠진 독에 물을 긷는 다나이데스와 같도다.
로마 철학자 루크레티우스는 말했다. "세드, 둠 아베스트 쿠오드 아베무스, 이드
엑수페라레 비데투르 카이테라; 포스트 알리우드, 쿠움 콘티지트 일루드, 아베무스; 엣
시티스 에쿠아 테네트 비타이 셈페르 하이안스, 욕망이 채워지면 괜찮아질까? 원하는 걸
얻으면 또 다른 걸 원한다. 끝없는 갈증이 헐떡이며 사로잡힌다."

For we strive from wish to wish; yet we do not see that we draw water with the sieve of the Danaides, but ever hasten to new desires. "Sed, dum abest quod avemus, id exsuperare videtur Cætera; post aliud, quum contigit illud, avemus; Et sitis æqua tenet vitai semper hiantes."

라틴어

4/14

"특권과 장점은 치명적 독을 뿜게 하는 시기심의 원천이 된다."

타고난 미모나 지성이나 우월함을 향한 시기심은 해소할 수 없고 극복도 힘들다.

따라서 그런 특권을 가진 자를 향한 냉혹하고 해결 불가한 증오로 이어진다.

남은 유일한 욕망은 오로지

그들이 무너지길 바라거나 처절히 복수하는 것이다.

In the envy that is directed to natural gifts and personal advantages, like beauty or intelligence, there is no consolation or hope of one kind or the other; so that nothing remains but to indulge a bitter and irreconcilable hatred of the person who possesses these privileges; and hence the only remaining desire is to take vengeance on him.

9/15

"염원하는 그것만 가지면 행복해질까? 진정 그런가?"

아무것도 없는 편이 낫다.

지상엔 기쁨보다 고통이 많고 모든 만족은 일시적이다.

욕망은 새로운 욕망과 새로운 고통을 낳는다.

집승처럼 게걸스럽게 욕망하면 기쁨보다 고통만 커진다.

It would be better if there were nothing. Since there is more pain than pleasure on earth, every satisfaction is only transitory, creating new desires and new distresses, and the agony of the devoured animal is always far greater than the pleasure of the devourer.

4/15

"때로 어떤 일은 모른 척 눈감아주는 편이 낫다."

삶의 경험이 쌓일수록 사람은 두 가지를 한다.

첫째는 앞을 내다보며 준비하는 것이고, 둘째는 관대하게 눈감아주는 것이다.

전자가 상실과 상처로부터 자신을 보호해 준다면,

후자는 분쟁과 다툼으로부터 안전하게 한다.

In making his way through life, a man will find it useful to be ready and able to do two things: to look ahead and to overlook: the one will protect him from loss and injury, the other from disputes and squabbles.

9/14

"기초적인 필요를 넘어선 부의 한계효용은 계속 줄어든다."

실질적이고 원초적이며 필수 불가결한 만족감.

이것을 초과하는 부는 아무리 많아도 가치가 없다.

기본이 채워지면, 그 후론 아무리 부가 커져도 영향력이 미미해진다.

For beyond the satisfaction of some real and natural necessities, all that the possession of wealth can achieve has a very small influence upon our happiness.

4/16

"사교라는 이름으로 맺는 숱한 타인과의 관계가 고통을 낳는다."

마음의 평화는 상당한 고독 없이 불가능하다.

그리스 키니코스학파는 문제의 소지를 없애려고 사유 재산을 포기했다.

사회활동을 포기하는 것 역시 같은 동기로 인간이 할 수 있는 가장 현명한 선택이다.

Peace of mind is impossible without a considerable amount of solitude. The Cynics renounced all private property in order to attain the bliss of having nothing to trouble them; and to renounce society with the same object is the wisest thing a man can do.

9/13

"남에게 보여주려고 소중하고 필수적인 부를 낭비하지 마라."

부의 사용법은 두 가지다.

하나는 과시를 위한 소비로 얼빠진 군중을 열광케 해

상상 속 영광이 안겨주는 값싼 존경을 얻는 것.

다른 하나는 도움 없는 지출을 피하고 부를 길러

앞으로 닥칠 불행에 대한 방어벽으로 삼는 것이다.

There are only two ways we can use wealth. We can either spend it in ostentatious pomp, and feed on the cheap respect which our imaginary glory will bring us from the infatuated crowd; or by avoiding all expenditure that will do us no good, we can let our wealth grow, so that we may have a bulwark against misfortune.

4/17

"죽음이 아닌 어떤 고통도 나를 완전히 파괴할 수 없다."

오직 확실한 날짜에 찾아올 걱정(악)만 우리를 괴롭힐 힘이 있다.

그에 해당할 게 얼마나 되나? 두 가지다.

하나는 절대 피할 수 없지만, 다른 것은 가능성이나 확률의 문제다.

필연적 악(죽음)조차 정확히 언제 어디서 올지는 아무도 모른다.

Only those evils which are sure to come at a definite date have any right to disturb us; and how few there are which fulfill this description. For evils are of two kinds; either they are possible only, at most probable; or they are inevitable. Even in the case of evils which are sure to happen, the time at which they will happen is uncertain.

"명성은 허영을 갈망하는 식욕 앞에 놓인 썩은 사체다."

명성이라는 사원에는 장군, 장관, 허풍쟁이, 광대, 춤꾼, 가수, 백만장자들이 있다.
그곳엔 다수의 칭송을 비롯해 진정 뛰어난 천재에게 주어지는 것보다
더 큰 인정과 진실한 존경이 넘쳐난다.

Temple of Universal Fame!-generals, ministers, charlatans, jugglers, dancers, singers, millionaires! It is a temple in which more sincere recognition, more genuine esteem, is given to the several excellencies of such folk, than to superiority of mind, even of a high order, which obtains from the great majority only a verbal acknowledgment.

4/18

"영원히 도달할 수 없는 목표를 향해 달리는 것이 인간이다."

우리는 내리막길을 내달리는 사람과 같다.

쉼 없이 다리를 움직여 뛸 수밖에 없고, 멈추면 곧장 떨어진다.

손가락 끝에 간신히 세운 막대기, 태양 주위를 빠르게 도는 행성처럼

멈추는 순간 무너진다. 불안이야말로 존재의 표식이다.

We are like a man running downhill, who cannot keep on his legs unless he runs on, and will inevitably fall if he stops; or, again, like a pole balanced on the tip of one's finger; or like a planet, which would fall into its sun the moment it ceased to hurry forward on its way. Unrest is the mark of existence.

9/11

"기쁨을 기대하지 말고 고통을 걱정하지 마라. 올 것은 그저 온다."

기대가 클수록 만족은 적다.

짐승은 기대가 없어 즐거움의 차감도 없다. 순간적 즐거움이 에누리 없이 온다.

불행도 그렇다. 짐승은 고유의 무게로만 압박하지만,

인간은 지레 겁먹어서 열 배 넘는 부담을 떠안고 더 괴로워한다.

The more we look forward, the less satisfaction we find when it comes. But the brute's enjoyment is not anticipated, suffers no deduction; the actual pleasure of the moment comes to it whole and unimpaired. Evil presses upon the brute only with its own intrinsic weight, the fear of its coming often makes its burden ten times more grievous.

4/19

"언제 어디서 올지 모를 불행을 막으려 애쓰는 것은 헛되다."

삿된 영혼에 제물을 바치는가.

불운이라는 가능성의 문을 닫아걸기 위해 인간은 시간과 수고와 돈을 바치고,

안락을 포기하며 목표를 제한하고 자기 자신을 부정하기를 주저하지 않는다.

Do not omit to sacrifice to evil spirits. What I mean is, that a man should not hesitate about spending time, trouble, and money, or giving up his comfort, or restricting his aims and denying himself, if he can thereby shut the door on the possibility of misfortune.

9/10

"모든 걸 다 가질 순 없다, 무엇에 집중할지 선택하라."

쾌락, 명예, 부, 과학, 예술, 미덕… 무엇이든 인생에서 확실히 추구하려면
진지하고 확실하게 밀어붙여라.
그것 외의 많은 걸 단념해야 비로소 성공이 따라온다.

*In life, in which some definite pursuit, whether it be pleasure, honour, wealth, science, art, or virtue, can only be followed with
seriousness and success when all claims that are foreign to it are given up, when everything else is renounced.*

4/20

"누군가가 나를 싫어한다는 생각만으로 우리는 자신을 지옥에 가둔다."

원시적이고 태생적인 인간 본성이 바로 명예라는 감정이다.

그 이면에는 수치심과 복수심이 있다.

타인의 평가가 낮아졌으리라는 생각만으로 볼을 붉힐 만큼, 이 감정은

매우 즉각적이며 치명적이다.

This primitive and innate characteristic of human nature, which is called the feeling of honor or the feeling of shame-verecundia. It is this which brings a blush to his cheeks at the thought of having suddenly to fall in the estimation of others.

9/9

"막연한 희망을 품는 대신, 성공 확률을 높일 무언가를 하라."

희망이란 무슨 일이 생겼으면 하는 욕망과 실제 이루어질 확률을 혼동하는 마음이다. 지성의 명확한 확률 추정에서 벗어난 이러한 어리석음으로부터 자유로운 이는 아무도 없다.

Hope is to confuse the desire that something should occur with the probability that it will. Perhaps no man is free from this folly of the heart, which deranges the intellect's correct estimation of probability.

4/21

"원하는 것을 마음껏 얻는 나라와 국민이 처한 현실을 보라."

걱정, 수고, 문제…소원이 다 이루어지면 삶이 의미가 있나?

그러면 시간을 어떻게 보내지?

사치와 안락의 천국, 젖과 꿀이 흐르는 땅,

원하는 걸 아무 어려움 없이 즉시 얻는 세상이라면,

사람들은 지루함에 목을 매거나 전쟁, 학살, 살인으로 권태에서 벗어나려 애쓸 것이다.

Certain it is work, worry, labor and trouble. If all wishes were fulfilled as soon as they arose, how would men occupy their lives? what would they do with their time? If the world were a paradise of luxury and ease, a land flowing with milk and honey, where every Jack obtained his Jill at once and without any difficulty, men would either die of boredom or hang themselves; or there would be wars, massacres, and murders.

9/8

"남에게 통했던 방법이 내게도 통한다는 보장은 없다."

누군가엔 약이 누군가엔 독이다.

이 격언을 망각하면 스스로 일을 그르친다.

물론 실패함으로써 올바른 길을 알게 되기도 한다.

인간은 지혜라는 행복한 나이에 이르러서야, 자기나 타인의 행동에 대한 제대로 된

판단을 내릴 수 있다.

Without sufficiently weighing the maxim that one man's meat is another's poison, then he will run great risk of doing himself an injustice. The result will show where the right course lay. It is only when a man has reached the happy age of wisdom that he is capable of just judgment in regard either to his own actions or to those of others.

4/22

"티 내지 말고 교묘히 덫을 놓아 상대가 실토하게 만들어라."

만약 누군가가 거짓말을 하는 것 같으면, 상대의 말을 전부 믿는 척해 보라.

상대는 신이 나서 열심히 주장하고, 결국 자기 발에 자기가 걸려 넘어질 것이다.

If you have reason to suspect that a person is telling you a lie, look as though you believed every word he said. This will give him courage to go on; he will become more vehement in his assertions, and in the end betray himself.

9/7

"명성과 인정은 운과 타이밍의 장난일 뿐이다."

명성이란 실상 누군가와의 비교에서 생겨난다.

상대성이 본질이니 더 유명한 사람이 나타나면 사라지는 일시적 가치다.

절대적 가치는 자신이 자기 안에 있는 것으로 직접 부여받아 어떤 상황에서도 소유한다.

The truth is that fame means nothing but what a man is in comparison with others. It is essentially relative in character, for it vanishes the moment other people become what the famous man is. Absolute value can be predicated only of what a man possesses under any and all circumstances, here, what a man is directly and in himself.

4/23

"고통과 번민의 길로 이끌려는 이들의 손길을 조심하라."

이탈리아 시인 페트라르카는 여린 영혼이 홀로 있기를 바랐다.

은둔에 대한 그의 사랑은 강하고 변함없다. 그가 노래한 냇가, 평야, 숲은 안다.

"세르카토 호 셈프레 솔리타리아 비타, 페르 푸지르 퀘스트 인제니 스토르티 에 로스키

케 라 스트라다 델 치엘 아노 스마리타, 천국으로 가는 길을 잃은 비뚤고 그늘진

마음들을 피하고자 나는 홀로 고독한 삶을 추구했노라."

Petrarch wishes to be alone that tender spirit! so strong and constant in his love of seclusion. The streams, the plains and woods know well, how he has tried to escape the perverse and stupid people who have missed the way to heaven. "Cercato ho sempre solitaria vita, Per fuggir quest' ingegni storti e loschi Che la strada del ciel' hanno smarrita."

이탈리아어

9/6

"이왕 싸우는 거 멋지고 장렬하게 싸우는 게 멋지지 않나."

세상에서 인생은 한판 게임이다.

운명이 내리치는 타격을 받아낼 강인한 기질과 적절한 무기가 필요하다.

단 한 번의 긴 전투에선 매 순간 싸워야 하니까.

볼테르가 말했다. "웅 네 르시 당 세 몽 쿠아 라 퐁테 드 르피, 에 옹 말 르자 아 라 망,

성공은 그대 칼끝에 있으니 죽는 순간까지 무기를 손에서 놓지 마라."

In this world, where the game is played with loaded dice, a man must have a temper of iron, with armor proof to the blows of fate, and weapons to make his way against men. Life is one long battle; we have to fight at every step; and Voltaire says "on ne réussit dans ce monde qua la pointe de l'épee, et on meurt les armes à la main."

프랑스어

4/24

"인격은 타인의 평가에 의해서 파괴되고 조롱받고 더럽혀지지 않는다."

명예라는 감정 이면에는 '도덕적 인격은 바꿀 수 없다.'라는 신념이 자리한다.

나쁜 행동을 한 사람은 나중에도 나쁜 행동을 할 것이다.

영어로 인격은 신용, 명성, 명예와 같이 쓰인다.

명예는 한번 잃으면 돌이킬 수 없는 것이라 여긴다.

The ultimate foundation of honor is the conviction that moral character is unalterable: a single bad action implies that future actions of the same kind will, under similar circumstances, also be bad. This is well expressed by the English use of the word character as meaning credit, reputation, honor. Hence honor, once lost, can never be recovered.

9/5

"상상 속 금화를 좇지 말고 실체 속 살아있는 즐거움을 누리라."

돈은 추상적 세계에서 행복을 찾는 자들의 목표다.

실체 세계에서 즐거움을 누릴 능력을 잃어버린 자들만이 그것에 온통 마음을 바친다.

Money is human happiness in abstracto; so that a man who is no longer capable of enjoying it in concrete gives up his whole heart to it.

4/25

"사악함은 열정이라는 아주 평범한 모습을 하고 있다."

에고이즘이 당신을 붙들어 지배하려 하는가.

기쁨, 승리감, 갈망, 희망, 극도의 슬픔, 짜증, 분노, 두려움…

악마의 손아귀에 사로잡히게 만드는 모든 열정의 감정을

서둘러 떨쳐내고 즉시 벗어나라.

If egoism has a firm hold of a man and masters him, whether it be in the form of joy, or triumph, lust, hope, frantic grief, annoyance, anger, fear, suspicion, passion of any kind-he is in the devil's clutches and how he got into them does not matter. What is needful is that he should make haste to get out of them, it does not matter how.

9/4

"기껏 동물 수준으로 살려고 그렇게 열심히 노력하는가?"

반쯤 동물에 가까운 보통 수준 인간에게 행복과 즐거움을 가져다주는 대상은
재산이나 친분 같은 것이다.

그런 자들이 귀하게 여기는 자원은 고작해야 감각적 식욕,

안락하고 쾌적한 가정생활 정도에 머문다.

Nothing that his fellowmen or that fortune can do for him, will suffice to raise him above the ordinary degree of human happiness and pleasure, half animal though it be; his only resources are his sensual appetite, a cozy and cheerful family life at the most.

4/26

"지나친 친절은 존중으로 돌아오는 대신 만만하게 보이게 한다."

이탈리아 속담이 있다.

"키 논 이스티마 비엔 스티마토, 존경하지 않는 자 존경받는다."

누군가를 정말 좋아한다면, 범죄라도 되는 듯 그 사실을 숨겨라.

즐겁다곤 할 수 없으나 옳은 일임이 분명하다.

개조차 오냐 오냐 하면 기어오르는데 사람이야 오죽할까?

As a subtle Italian proverb "Chi non istima vien stimato", if we really think very highly of a person, we should conceal it from him like a crime. This is not a very gratifying thing to do, but it is right. Why, a dog will not bear being treated too kindly, let alone a man!

이탈리아어

9/3

"사람들이 가치를 두는 것은 진짜 삶인가, 거짓 삶인가?"

속된 욕망, 환락, 상류 생활은 행복의 경로가 아니다.

존재의 비참함을 기쁨, 만족, 쾌락으로 가리려는 노력은 망상과 실망으로 귀결된다.

진짜 삶을 거짓으로 교환하는 행위에 불과하기 때문이다.

There is no more mistaken path to happiness than worldliness, revelry, high life: for the whole object is to transform our miserable existence into a succession of joys, delights and pleasures, a process which cannot fail to result in disappointment and delusion; on a par in this respect, the interchange of lies.

4/27

"친밀함과 약점을 노출하는 것은 전혀 다른 차원의 문제다."

누군가에게 자꾸 비밀을 털어놓고 싶은가?

그러면 상대는 당신을 마음대로 해도 된다고, 예의에서 벗어나도 된다고 착각한다.

관계에서 우위를 갖는 유일한 방법은

당신이 상대로부터 독립적인 존재임을 분명히 알게 하는 것이다.

If you have occasion to converse with them frequently upon confidential matters, they soon come to fancy that they can take liberties with you, and so they try and transgress the laws of politeness. The only way to attain superiority in dealing with men, is to let it be seen that you are independent of them.

9/2

"끝도 만족도 없는 욕구는 밑 빠진 독처럼 번민만 낳는다."

에피쿠로스는 인간의 욕구를 셋으로 나눈다.

첫째는 없으면 고통스러운 태생적 필요 욕구. 기초적 의식주로 만족시키기가 비교적 쉽다.

둘째는 태생적이나 상대적으로 충족이 어려운 감각 욕구다.

셋째는 태생적이지도 않고 필요도 아닌 욕구. 사치, 방탕, 과시 등 끝도 만족도 없는
욕구다.

Epicurus divides the needs of mankind into three classes, First come natural and necessary needs, food and clothing, can easily be satisfied. Second are as the gratification of certain of the senses. These are rather more difficult to satisfy. The third consists of needs which are neither natural nor necessary, the need of luxury and prodigality, show and splendor, are very hard to satisfy.

4/28

"자신을 향한 감정은 타인을 향한 감정보다 유순하다."

우리는 인간의 천박함, 부도덕성에 양가적 감정을 갖는다.

다른 이들에게서 그걸 발견하면 분노, 증오, 경멸이 생겨나고,

스스로에게서 그걸 발견했을 때는 수치심, 자괴감이 생겨난다.

After the same fashion we may be in one of two opposite moods in regard to human baseness and depravity. In the one we perceive this baseness indirectly in others. Out of this mood arise indignation, hatred, and contempt of mankind. In the other we perceive it directly in ourselves. Out of it there arises humiliation, contrition.

9/1

"무엇을 가졌나 헤아리기 전에 물어라. 나의 정신은 자유로운가?"

무지함은 부자들 곁에서 더욱 타락한다.

가난한 이가 욕망과 비루함에 속박되어 입에 풀칠하는 데 지식과 생각을 잠식당하듯,

무지한 부자는 마치 짐승처럼 오로지 쾌락만을 탐닉한다.

Ignorance is degrading only when it is found in company with riches. Want and penury restrain the poor man; his employment takes the place of knowledge and occupies his thoughts. while rich men who are ignorant live for their pleasure only, and resemble a beast.

4/29

"욕망이 채워지고 나면 끝없는 권태에 시달리는 것이 인간이다."

권태는 동물한테선 찾아볼 수 없는 고통이다.

삶의 목적이 오로지 자기 지갑을 채우는 것뿐, 자기 뇌에는 무엇도 채우지 않는

비참하고 천박한 무리가 바로 권태의 고통에 시달리는 인간 대표주자들이다.

Boredom is a form of suffering unknown to brutes, at any rate in their natural state; The crowd of miserable wretches whose one aim in life is to fill their purses but never to put anything into their heads, offers a singular instance of this torment of boredom.

SEPTEMBER

Road in the Dunes with a Passanger Coach
- Jacob Salomonsz. van Ruysdael

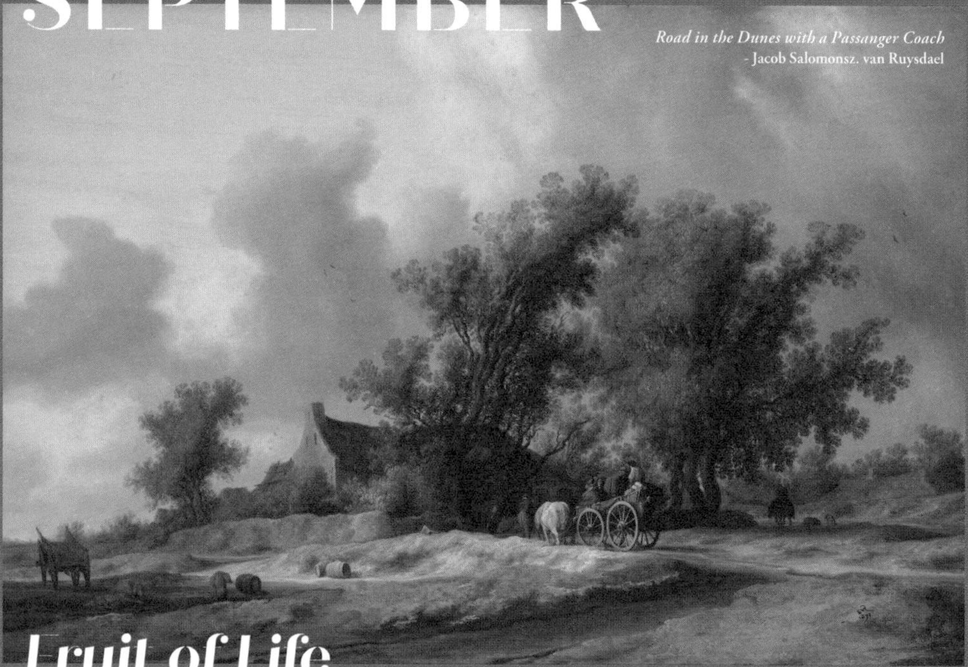

Fruit of Life

9월 | 삶의 결실

어느 정도 부와 명예가 있어야 행복해지나?

"인간의 의지는 끝이 없고 불만과 고통으로 이어진다."

호메로스의 '오디세이아'는 진리를 묘사한다.

"테오스 가르 누스 에스틴 에피소니온 안트로폰

오이온 헤드 아에마르 아히 파타에르 안드론 테 데오유 테,

지상의 사람이 가진 생각은 신과 사람의 아버지가 허락한 만큼이다."

우리 힘으론 원하는 대로 늘릴 수 없기에, 요구하고 갈망하다 끝내 불만을 잉태한다.

Odyssey illustrating this truth "Toios gar noos estin epichthonion anthropon Oion eth aemar agei pataer andron te theou te", the thoughts of man that dwells on the earth are as the day granted him by the father of gods and men. Discontent springs from a constant endeavor to increase the amount of our claims, when we are powerless to increase the amount which will satisfy them.

그리스어

$8 / 31$

"흡족하게 제대로 해냈는지는 오로지 당신 자신만 안다."

우리는 어떤 것에 관심이 생겨서 시작하고, 처음 시작할 때는 완벽히 끝내리라 다짐한다.

그런데 정작 어떤가.

마지막까지 참고 인내하고 고심하는가?

오히려 끝까지 가지 못하고 도중에 적당히 마무리되면, 내심 기뻐하거나 안도한다.

We wish to get to the end of everything we are interested in or occupied with; we are impatient to get to the end of it, and glad when it is finished.

MAY

The halt at the inn
- Jacob Salomonsz. van Ruysdael

Human Relations

5월 | 인 간 관 계   왜 사람이랑 부대끼는 게 이토록 힘든가?

8/30

"갖지 못한 것을 바라지 말고, 가진 것을 발전시켜라."

자기 자신 혹은 누군가의 성격을 바꾸려 노력하는 것은 아무 소용이 없는 짓이다.

어떤 것은 나쁘거나 불리하다고 여겨진다.

그러나 피할 수 없으면 순응하고 감사하며 받아들이는 게 낫다.

그러는 편이 훨씬 더 현명하다.

It is a waste of trouble to endeavour to improve one's character, and that it is wiser to submit to the inevitable, and gratify every inclination at once, even if it is bad.

5/1

"관계를 지속하기 위해 당신에게 상처 준 자를 용서하지 마라."

당신에게 상처 입힌 친구와 화해하지 마라.

헤어지게 된 바로 그 짓을 다시 당하는 순간, 대가를 치른다.

상대는 더 과감하게 나올 텐데,

당신이 자기 없이 지낼 수 없다는 암묵적 자만심을 품기 때문이다.

To become reconciled to a friend with whom you have broken, is a form of weakness; and you pay the penalty of it when he takes the first opportunity of doing precisely the very thing which brought about the breach; he does it the more boldly, because he is secretly conscious that you cannot get on without him.

8/29

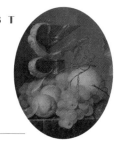

"주어진 제약과 약점에도 어떻게든 해내는 게 인생이다."

로마 작가 테렌티우스가 말했다.

"인 비타 에스트 호미눔 쿠아사이 쿰 루다스 테세리스: 시 일루드 쿠오드 막심 오푸스 에스트 약투 논 카디트, 일루드 쿠오드 체치디트 포르테, 이드 아르테 우트 코리가스, 인생은 카드놀이 같다. 중요한 때 필요한 패가 나오지 않아도 우연히 나온 패만으로 능숙히 해내야 한다." 인생은 운명이 딜러가 되어 패를 섞고 내주는 카드놀이와 같다.

Terence makes the remark "in vita est hominum quasi cum ludas tesseris; si illud quod maxime opus est jactu non cadit, illud quod cecidit forte, id arte ut corrigas." Life is a game of cards, when the cards are shuffled and dealt by fate.

라틴어

5/2

"세상의 바보들에게 웃으며 친절하게 응수하라."

자격 미달인 자들에게 예의를 지키는 건 쉽지 않다.

그렇더라도 모두에게 어느 정도 공손하게 대하는 게 낫다.

그치들이 나와 관련이 없으니 얼마나 기쁜가.

그러니 활기차게 관심을 보이고 친절히 대하면 그만이다.

공손함과 긍지가 결합하면 지혜의 걸작이 탄생한다.

It is no easy matter to be polite; to show great respect for everybody, whereas most people deserve none at all; so far as it demands that we should feign the most lively interest in people, when we must be very glad that we have nothing to do with them. To combine politeness with pride is a masterpiece of wisdom.

"정보는 통로일 뿐, 모든 탐구의 목적지는 통찰력이다."

많은 이들이 통찰력보다 단순히 정보를 얻기 위한 탐구를 한다.

암석, 식물, 전쟁, 실험… 모든 주제의 모든 내용에 발을 담근다.

그러나 정보는 통찰력의 수단일 뿐이다.

그것만으로는 거의 혹은 전혀 가치가 없다.

Students aim as a rule at acquiring information rather than insight. They pique themselves upon knowing about everything-stones, plants, battles, experiments, and all the books in existence. It never occurs to them that information is only a means of insight, and in itself of little or no value.

5/3

"어리석은 자, 난폭한 자를 응대하느라 자신을 낭비하지 마라."

최악의 경우 괴테의 '파우스트' 속 메피스토펠레스의 말을 기억하라.

"에스 무스 아우흐 소이체 퀘우체 게벤, 세상엔 바보와 악당이 있다."

그들을 응징하려 생사를 건 도전을 하는 건 얼마나 어리석은가.

누구도 그들의 개체성, 도덕성, 지적 능력, 기질과 체질을 바꿀 수 없다.

In bad cases he should remember the words of Mephistopheles "es muss auch solche Käuze geben." If he acts otherwise, he will be committing an injustice, and giving a challenge of life and death to the man he discards. No one can alter his own peculiar individuality, his moral character, his intellectual capacity, his temperament or physique.

독일어

8/27

"견딘다, 죽인다, 때운다… 현재라는 보물을 그런 취급 하지 마라."

찌푸리고 푸념하느라 얼마나 많은 시간을 낭비하는가? 땅거미가 내려앉을 때, 우린 비로소 즐기지 못하고 흘려보낸 시간을 돌아보며 헛되이 한숨 쉰다.

무심히 보내고 성급히 밀어낸 '현재'라는 모든 순간은 절대 흔하거나 당연하지 않다. 오직 영광스럽게 여겨야 마땅하다.

A thousand pleasant hours are wasted in ill-humor; we let them slip by unenjoyed, and sigh for them in vain when the sky is overcast. Those present moments that are bearable, be they never so trite and common,-passed by in indifference, impatiently pushed away-those are the moments we should honor.

5/4

"당신과 너무 다른 이들을 이해하거나 바꾸려 들지 마라."

당신과 맞지 않는 자들의 행동에 분개하는 것은

돌멩이에 화를 내는 것만큼이나 어리석다.

가장 현명한 대처는 그들을 바꾸려 노력하는 대신, 있는 그대로 활용하는 것이다.

To become indignant at their conduct is as foolish as to be angry with a stone because it rolls into your path. And with many people the wisest thing you can do, is to resolve to make use of those whom you cannot alter.

"자기 객관화야말로 일과 성취에서 가장 중요한 과정이다."

자기 강점과 약점이 무엇인지 잘 발견하라.

그러면 자연스레 샘솟는 재능을 잘 길러서 유용하게 쓸 수 있다.

자기 목적에 부합하는 가치 있는 일을 찾아 집중해서 몰입할 수 있다.

If we have discovered where our strength and our weakness lie, we will endeavour to cultivate, employ, and make use of those talents which are naturally prominent in us. We will always turn to those occupations in which they are valuable and to the purpose.

5/5

"대단한 곳에서 오라고 해도 본능이 싫어하면 가지 마라."

진정 좋은 모임은 필요한 곳에 작게 꾸려진다.

찬란한 축제와 시끄러운 오락 밑바닥에는 공허함이 떠돈다.

거짓된 꾸민 어조로 들뜬 분위기는 존재의 비참함이나 옹색함과 묘한 대조를 이룬다.

그런 위화감 없는 환경에 가면 크게 안도하게 되는 이유다.

Really good society is everywhere of necessity very small. In brilliant festivals and noisy entertainments, at bottom, a sense of emptiness prevalent. A false tone: such gatherings are in strange contrast with the misery and barrenness of our existence. The contrast brings the true condition into greater relief.

8/25

"어차피 주어진 숙제, 기쁘고 즐겁게 하면 어떨까."

삶은 숙제와 숙제의 연속, "드 가니에 사비, 생계를 위한 돈벌이" 신세다.

간신히 고된 짐을 벗으면, 권태에서 벗어나기 위한 몸부림이라는 또 다른 숙제가 온다.

Life presents itself next as a task, the task, that is, of subsisting 'de gagner sa vie'. If this is solved, then that which has been won becomes a burden, and involves the second task of its being got rid of in order to ward off boredom.

프랑스어

5/6

"관계에서 발생하는 손해는 불가피하다, 그러므로 영리하게 굴라."

인간은 자기 외의 누구에 대해서도 확실한 손익 계산서를 쓸 수 없다.

다만 이것만은 분명하다.

타인과 관계를 맺음으로써 발생하는 부담, 불이익, 위험과 성가심은

셀 수 없으며 피할 수 없다.

For while a man cannot reckon with certainty upon anyone but himself, the burdens and disadvantages, the dangers and annoyances, which arise from having to do with others, are not only countless but unavoidable.

8/24

"남보다 조금 빨리 가고 싶다고 시간한테 빚을 지지 마라."

시간은 가불할 수 있다. 그런데 이자가 엄청나다.

계좌는 망가지고 적자가 늘어 개선이 힘들어진다.

이게 시간의 고리대금업이 하는 일이다. 인내심 없이 재촉하면 금세 피해자가 된다.

정해진 시간의 흐름을 바꾸려는 시도는 무모하다.

시간의 채무자가 되지 않도록 조심하라.

He gets Time to lend him the money in advance. The interest he pays is a disordered state of his accounts, and permanent and increasing deficits, which he can never make good. Such is Time's usury; and all who cannot wait are its victims. There is no more thriftless proceeding than to try and mend the measured pace of Time. Be careful, not to become its debtor.

5/7

"가장 가까운 사람에게 충실하라, 친분은 자산이 아니다."

단도직입적으로 말한다.

우정, 사랑, 결혼… 어떤 관계도 자기 자신(기껏해야 자녀)보다 중하지 않다.

비즈니스든 사적 친밀함이든 인류 전반과 접촉점을 덜 만들수록 당신에게 좋다.

Let me speak plainly. However close the bond of friendship, love, marriage a man, ultimately, to his own welfare alone; at most to his child's too. The less necessity there is for you to come into contact with mankind in general, in the relations whether of business or of personal intimacy, the better off you are.

8/23

"갈망과 만족과 공허의 뫼비우스 띠에서 벗어나 보라."

인간 본성은 노력-만족-노력을 영원히 반복한다.

행복과 복지는 소망에서 만족, 새로운 소망으로 재빨리 갈아탐으로써

가능하다고 생각한다.

만족하지 못하면 고통스럽다.

소망, 지루함, 권태 속 공허한 갈망은 끝도 없이 계속된다.

Now the nature of man consists in this, that his will strives, is satisfied and strives anew, and so on for ever. Indeed, his happiness and well-being consist simply in the quick transition from wish to satisfaction, and from satisfaction to a new wish. For the absence of satisfaction is suffering, the empty longing for a new wish, languor, ennui.

5/8

"행복의 원천이자 터전이며 주체는 오로지 나 자신이다."

자기 완결적으로 사는 것, 혼자여도 충분한 것, 아무것도 바라지 않는 것.

그것이야말로 행복의 핵심 요건이다.

키케로는 명언을 남겼다.

"옴니아 메아 메쿰 포르토, 나의 지혜는 온전히 나로부터 나오며 오직 나만 소유한다."

To be self-sufficient, to be all in all to oneself, to want for nothing, to be able to say "omnia mea mecum porto"
that is assuredly the chief qualification for happiness.

라틴어

8/22

"좋은 글과 말을 원한다면, 쉽고 직설적으로 하라."

아무도 이해 못 할 난해한 글을 쓰기란 정말 쉽다.

반대로 모두가 이해할 수 있는 방식으로

꼭 필요한 깊이 있는 주제를 표현하기란 정말 어렵다.

Nothing is easier than to write so that no one can understand; just as contrarily, nothing is more difficult than to express deep things in such a way that every one must necessarily grasp them.

5/9

"적인지 친구인지 궁금하다면, 나의 불행을 어떻게 대하는지 보라."

시기심의 반대편에는 타인의 불행을 고소해하는 습성이 있다.

전자가 인간적이라면, 후자는 악마적이다.

타인의 고통을 즐거워하는 것은 악의惡意 중에서도 가장 확실한 징표다.

In a certain sense the opposite of envy is the habit of gloating over the misfortunes of others, At any rate, while the former is human, the latter is diabolical. There is no sign more infallible of an entirely bad heart.

8/21

"감흥이 먼저다, 분석은 그걸로 먹고 사는 사람한테 시키고."

있는 그대로 즐기지 못하고 의미나 주제만 찾는 건 부질없다.

멋진 에트루리아 화병의 모양, 색, 자태에 감탄하는 대신,

그걸 만든 점토와 물감의 화학적 분석만 하는 것과 같은 짓이다.

To give such preference to the matter over the form, is as though a man were to take a fine Etruscan vase, not to admire its shape or coloring, but to make a chemical analysis of the clay and paint of which it is composed.

5/10

"허망한 바깥에 매달리지 말고 내면을 키우는 데 집중하라."

사람들이 모임, 오락, 사치 등 종국엔 거추장스럽고 비참해질 일에 골몰하는 이유는
내면 영혼이 공허하기 때문이다.

내면의 부, 마음의 부는 최고의 보호장치로 권태가 들어설 자리가 없게 한다.

It is mainly because of this inner vacuity of soul that people go in quest of society, diversion, amusement, luxury, which lead many to extravagance and misery. Nothing is so good a protection as inward wealth of the mind, the greater it grows the less room it leaves for boredom.

8/20

"쉬운 걸 어렵게 푸는 건 쉽다, 어려운 걸 쉽게 푸는 게 어렵지."

진정 유능한 이들의 결과물은 명료하고 확고하다.

과단성과 확실성 면에서 다른 이들과 차별화된다.

자기가 뭘 표현하고 싶은지 확실히 알기 때문이다.

The works of all really capable minds are distinguished from all other works by a character of decision and definiteness and in consequence of lucidity and clearness. This is because minds like these know definitely and clearly what they wish to express.

5/11

"가식과 위장으로 덮인 것이 아닌 진짜 진리를 찾으려 노력하라."

세상만사가 속 빈 강정과 같다.

어디에나 알맹이는 드물고, 진짜 알맹이는 그럴듯한 포장지에 싸여 있지도 않다.

당연하게 전혀 엉뚱한 곳에서 아주 우연한 기회에 찾을 수 있다.

Everything in the world is like a hollow nut; there is little kernel anywhere and when it does exist, it is still more rare to find it in the shell. You may look for it elsewhere and find it as a rule, only by chance.

8/19

"할 수 있는 것과 없는 것을 구별하는 것이 자유의 시작이다."

자기 장단점을 알고 적합한 목표를 세우라.

얻을 수 없는 것을 인정하면 스스로와 불화할 일이 없고 모든 비통한 슬픔에서 확실히

벗어날 수 있다. 로마 시인 오비디우스는 썼다.

"옵티무스 일레 아니미 빈덱스 레덴치아 펙투스, 빈쿨라 퀴 루피트, 데돌위트퀘 세멜,

가슴을 옥죄는 사슬을 끊는 자, 비탄을 끝내는 자, 마음을 해방하는 선언자!"

If we have recognised our strength and weakness, established our aim accordingly, and rest satisfied concerning what cannot be attained, we thus escape in the surest way, the bitterest of all sorrows, discontentment with ourselves. The lines of Ovid admit "Optimus ille animi vindex lædentia pectus, Vincula qui rupit, dedoluitque semel."

라틴어

5/12

"거들떠볼 가치도 없는 자들을 욕하느라 힘쓰지 마라."

괴테가 '서동시집'에 쓴 구절은 너무나 옳다.

"바스 클락스트 두 위버 파인데? 솔텐 솔체 예 바덴 프로운데, 데넨 다스 베센, 비 두
비스트, 임 스틸렌 아인 이비게 포오부르프 이스트?, 적들에 대해 왜 불평한단 말인가?
그런 자들이 그대 친구가 될 리 있는가? 그대 아무 말 하지 않아도 존재 자체로 그들에겐
영원한 질책이 아닌가?"

*What Goethe says in the 'Westöstlicher Divan' is quite true. "Was klagst du über Feinde? Sollten Solche je
warden Freunde, Denen das Wesen, wie du bist, Im stillen ein ewiger Vorwurf ist?"*

독일어

8/18

"생각의 깊이와 품격을 높여주는 공부를 잘 골라서 하라."

스스로 생각하는 사람의 지적 습득은 남다르다.

생명으로 가득 차 음영이 분명하고 완벽한 색의 조화를 이룬다.

아름다움이 오래 지속되는 명작 그림과도 같다.

The intellectual acquirements of the man who thinks for himself are like a fine painting that stands out full of life, that has its light and shade correct, the tone sustained, and perfect harmony of colour.

5/13

"약삭빠른 인간들 속에서 괴로운가? 그럼, 당신은 어떤 부류인가?"

세상에는 자기 이익만 추구하지 않고 다른 이의 권익을 챙기려 노력하며,

타인에게 상처 주지 않으려 하고

베푸는 것을 좋아하는 선천적인 부류가 분명 존재한다.

There are persons in whom the principle of giving others their due seems to be innate, who neither intentionally injure any one, nor unconditionally seek their own advantage, but in considering themselves show regard also for the rights of their neighbors.

8/17

"때가 되면 다 무르익게 되어 있으니 조급할 필요 없다."

서른 살이 감당할 일을 열아홉에 하려고 용을 쓰면 젊은이의 힘은 낭비되고 만다.

시간은 달라는 대로 대출해 줄 것이다.

하지만 이자는 나머지 인생에서 써야 할 힘에서 가져다 내야 한다.

Young man may abuse his strength-it may be only for a few weeks-by trying to do at nineteen what he could easily manage at thirty, and Time may give him the loan for which he asks; but the interest he will have to pay comes out of the strength of his later years; nay, it is part of his very life itself.

5/14

"거짓말과 기만은 호의라는 가면을 쓰고 다가온다."

거짓말은 다른 이들에게 지배권을 확장하고 자기가 더 우위에 있음을 보여주고
상대의 의지를 누르고자 하는 욕구에 기원한다.

결과적으로 거짓말은 부정, 악의, 악랄함과 본질적으로 같은 원천에서 나온다.

A lie always has its origin in the desire to extend the dominion of one's own will over other individuals, and to deny their will in order the better to affirm one's own. Consequently a lie is in its very nature the product of injustice, malevolence and villainy.

8/16

"닥치는 대로 읽고 공부하기보다 스스로 생각하며 읽고 공부하라."

규모가 크고 무질서한 도서관은 작지만 잘 정돈된 도서관보다 용도가 떨어진다.

사람 역시 그렇다.

스스로 생각해 만들지 않은 지식이 아무리 엄청나게 많아도,

깊이 생각해 얻은 작은 지식보다 가치가 작다.

A library may be very large; but if it is in disorder, it is not so useful as one that is small but well arranged. In the same way, a man may have a great mass of knowledge, but if he has not worked it up by thinking it over for himself.

5/15

"초라한 내면과 죽음의 공포를 잊으려 우리는 집단 속에 숨는다."

지루함은 일종의 악으로 인식되므로 사람들은 뭉쳐서 저항하려 한다.

삶에 대한 애착의 바탕에는 죽음에 대한 두려움이 있으며,

모임을 사랑해서가 아니라 외로움이 두려워서 사회적 충동이 작동한다.

함께하는 게 좋아서가 아니라 자기 내면의 단조로움과 음울함을 억누르려고 모인다.

As boredom seems to be an evil of this kind, people band together to offer it a common resistance. The love of life is at bottom only the fear of death; the social impulse does not rest directly upon the love of society, but upon the fear of solitude; it is not alone the charm of being in others' company that people seek, it is the dreary oppression of being alone the monotony of their own consciousness-that they would avoid.

8/15

"말이 통하지 않는 사람과 왜 굳이 대화하려 하는가?"

진지하든 재밌든, 지적 대화는 지성인에게나 어울린다.

평범하고 둔한 자들에게 시도해 봐야 노골적 혐오감만 돌아온다.

비슷한 수준으로 대화하려면, 자기를 부정하고 4분의 3쯤은 포기해야 한다.

Intellectual conversation, whether grave or humorous, is only fit for intellectual society; it is downright abhorrent to ordinary people, to please whom it is absolutely necessary to be commonplace and dull. This demands an act of severe self-denial; we have to forfeit three-fourths of ourselves in order to become like other people.

5/16

"자기 의지와 권위를 위해 거짓을 강요하는 자에게 속지 마라."

누군가의 주장이 진실에서 벗어난 것은 잘못이라 할 수 없으나,

거짓을 강요하는 것은 명백한 잘못이다.

길을 잃은 여행자에게 길을 못 알려주는 것은 잘못이라 할 수 없지만,

잘못된 길로 인도하는 것은 분명 잘못이다.

The mere refusal of a truth, of an assertion generally, is in itself no wrong, but every imposing of a lie is certainly a wrong. He who refuses to show the strayed traveller the right road does him no wrong, but he who directs him to a false road certainly does.

8/14

"채워도 채워도 공허하고 지루한 욕망을 잘라내라."

인생은 욕망과 성취 사이를 흐른다. 소망의 본질은 고통이다.

원하는 걸 얻으면 싫증 나고, 소유하면 매력은 사라진다.

새로운 소망과 욕구가 나오고, 쾌락, 공허함, 절망이 뒤따른다.

욕망 자체로 인한 고통만큼이나 이 과정에서 생기는 고통이 크다.

Thus between desiring and attaining all human life flows on throughout. The wish is, in its nature, pain; the attainment soon begets satiety: possession takes away the charm; the wish, the need, presents itself under a new form; then follows desolateness, emptiness, ennui, against which the conflict is just as painful as against want.

5/17

"상대의 호의나 관심이 당신을 이용하려는 게 아닌지 경계하라."

인간은 호의적인 사람을 이용하고 아첨하기 위해 언제든 가면을 쓴다.

그러니 상대가 밀랍 인형(꼭두각시)이나 마분지(멍청이)가 아닌지 유심히 살펴라.

이탈리아 속담이 주는 교훈을 잊지 마라.

"논 에 시 트리스토 카네 케 논 메니 라 코다,

꼬리 치는 것만 빼면 세상의 개가 뭐가 나쁘랴!"

He dons his mask whenever his object is to flatter himself into some one's good opinion; and you may pay just as much attention to it as if it were made of wax or cardboard, never forgetting that excellent Italian proverb "non é si tristo cane che non meni la coda."

이탈리아어

8/13

"마음이 몸을 움직이는 게 아니라 몸이 마음을 움직인다."

하물며 초목도 제대로 잘 자라려면 바람에 흔들려야 한다.

이 원리를 알려주는 탁월한 라틴어 격언이 있다.

"옴니스 모투스, 쿠오 첼레리올, 에오 마지스 모투스,

움직임이 빨라지면 다른 것도 빨라진다."

Even trees must be shaken by the wind, if they are to thrive. The rule which finds its application here may be most briefly expressed in Latin "omnis motus, quo celerior, eo magis motus."

라틴어

5/18

"당신을 추어올리며 칭찬하는 자의 뒤에 질투와 음모가 있다."

당신을 질투하는 누군가 그걸 숨기고,

당신 자의식과 자부심을 부추기며 음모를 꾸밀 수 있다.

질투가 있는 곳에 반드시 증오도 있다는 걸 잊지 마라.

부러워하면서 거짓 친구로 다가오는 자를 경계하라.

For our self-consciousness and our pride there can be nothing more flattering than the sight of envy lurking in its retreat and plotting its schemes; but never let a man forget that where there is envy there is hatred, and let him be careful not to make a false friend out of any envious person.

8/12

"인간의 의지는 삶의 동력이자 동시에 불행의 근원이다."

우리 안에는 일부가 아니라 전부를 가져야 흡족해하는 '세상의 왕'인 의지(Will)가 있다.
그런데 삶이 우리에게 주는 건 얼마나 보잘것없나. 비루한 몸 하나 건사하기도 힘들다.
그러니 전하께서 만족하실 턱이 있나. 이것이 바로 인간이 불행한 이유다.

The Will is the lord of worlds, is not satisfied with a portion of anything, but only with the whole which is endless. Meanwhile it must excite our pity when we consider how extremely little receives, when it makes its appearance as an individual; for the most part only just enough to maintain the body. This is why man is so very unhappy.

5/19

"타인의 시선과 평가는 당신의 행복과 아무 관계가 없다."

타인의 평가에 과도한 높은 가치를 매기는 것은 흔한 잘못이다.

인간 본성에서 기인했든 문명과 사회 질서의 결과든, 우리 일에 과도하게 영향을 미치고

결과적으로 우리 행복에 매우 유해하다.

To set much too high a value on other people's opinion is a common error everywhere; rooted in human nature itself, or the result of civilization, and social arrangements generally; but whatever its source, it exercises a very immoderate influence on all we do, and is very prejudicial to our happiness.

8/11

"수고와 만족에 끝이 없고, 그로 인한 고통도 끝이 없음을 기억하라."

자기 상태가 불만스러워 모든 수고가 시작되는데, 만족이 올 때까지 계속 고통이다.

만족이 와도 지속성이 없다. 그래서 이전보다 더 분투한다.

이렇듯 각자 여러 방식의 수고들이 계속 충돌하고 갈등한다.

그리고 그것으로 다시 고통을 낳는다.

For all effort springs from discontent with one's estate-is thus suffering so long as it is not satisfied; but no satisfaction is lasting, rather it is always merely the starting-point of a new effort. The striving we see everywhere hindered in many ways, everywhere in conflict, and therefore always under the form of suffering.

5/20

"말과 친절과 회유로 절대 누군가를 바꿀 수 없다."

불쾌하거나 성가신 행동을 지속하는 사람이 있는가.

거기서 더 나빠져도 견딜만한가? 반복적인 공격이 계속 와도 괜찮은가?

아니라면 가까운 친구라도 가차 없이 영원히 결별하라.

직원이라면 당장 해고하라.

If any person exhibits unpleasant or annoying qualities, we have only to ask whether or not this person is of so much value to us. We must let the matter pass; but we should nevertheless remember that we are thereby exposing ourselves to a repetition of the offence. If the answer is in the negative, we must break at once and forever; or dismiss him.

"돈벌이 작가가 쓰고 토하는 싸구려 정보에 돈과 시간을 낭비하지 마라."

세상엔 두 부류 작가가 있다.

주제에 천착해 쓰는 사람과 자신을 위해 쓰는 사람.

전자는 소통할 가치 있는 생각과 경험이 있지만, 후자는 목적이 오로지 돈이므로

비즈니스용 글쓰기에 도움 되는 얕은 생각에만 몰두한다.

There are two kinds of authors: those who write for the subject's sake, and those who write for writing's sake. While the one have had thoughts or experiences which seem to them worth communicating, the others want money; and so they write, for money. Their thinking is part of the business of writing.

5/21

"돈과 권력을 가진 자들의 천박한 모임에 끼려 안간힘 쓰지 마라."

소위 상류사회가 최악인 이유는 분명하다.

존경하거나 좋아할 수 없는 족속과의 우정을 강요하며,

있는 그대로 나 자신을 허락하지 않는다.

조화라는 명목으로 나를 뒤틀거나 완전히 바꾸라고 강요한다.

The worst of what is called good society is not only that it offers us the companionship of people who are unable to win either our praise or our affection, but that it does not allow of our being that which we naturally are; it compels us, for the sake of harmony, to shrivel up, or even alter our shape altogether.

"생각과 아이디어가 사라지기 전에 적고 기억하고 실행하라."

생각이 깃드는 것은 사랑하는 이가 오는 것과 같다.

사랑하는 이와 멀어지지 않기로 맹세하듯, 생각을 꼭 붙잡고 절대 잊지 말라.

눈에서 멀어지면 마음에서도 멀어지나니!

The presence of a thought is like the presence of our beloved. We imagine we shall never forget this thought, and that this loved one could never be indifferent to us. But out of sight out of mind!

5/22

"시시때때로 흔들리며 불안한 이유는 무게 중심이 단단하지 않기 때문이다."

평범한 자는 행복을 재산, 계급, 배우자나 자녀, 친구, 사회 등 자기 밖에서 찾는다.

그걸 잃거나 실망하면 행복의 기반이 통째로 무너진다.

무게 중심이 자기한테 없고 소망과 충동에 이끌려 계속해서 바뀐다.

The ordinary man places his life's happiness in things external to him, rank, wife and children, friends, society, so that when he loses them or finds them disappointing, the foundation of his happiness is destroyed. In other words, his center of gravity is not in himself, constantly changing its place with every wish and whim.

8/8

"획기적인 아이디어는 간절함과 깊은 생각 습관의 산물이다."

누구라도 앉아서 읽고 감상할 수 있으나, 생각은 다른 문제다.

모두가 깊은 숙고를 기쁘게 소환하지만, 정작 찾아오기까진 인내해야 한다.

주제에 대한 깊은 생각은

강한 외적 동기에 정신의 기질과 적용이 결합해야 비로소 피어오른다.

One can sit down at any time and read, but not-think. It is with thoughts as with men: we cannot always summon them at pleasure, but must wait until they come. Thought about a subject must come of its own accord by a happy and harmonious union of external motive with mental temper and application

5/23

"당신을 아무렇게나 대하는 이를 곁에 두지 마라."

소위 친구라는 사람조차 잠재적 악행을 준비한다.

그러니 누구든 언제든 부당하거나 나쁘거나 저속한 본모습을 보이면,

즉각 헤어지는 게 좋다. 직원이라면 잘라라.

'반역자들 사이에 있느니 혼자인 게 낫다.' 이 말을 금과옥조로 삼아라.

We ought to break with so-called friends even in matters of trifling moment, if they show a character that is malicious or bad or vulgar, so that we may avoid the bad turn which only waits for an opportunity of being done us. The same thing applies to servants. Let it always be our maxim: Better alone than amongst traitors.

8/7

"의미 없는 말, 실체 없는 일, 보람 없는 노력을 피하라."

홍수처럼 쏟아내는 말의 낭비, 끊임없이 계속되는 수다의 장막.

그것은 사상의 심각한 빈곤을 감추려는 속임수다.

바람개비 날개처럼 다 떼어내면,

몇 시간이 흘러도 요점이나 명확한 주장 따위 없는 실체가 고스란히 드러난다.

Waste of words which consists in pouring them out like a flood; finally, of that trick of concealing the direst poverty of thought under a farrago of never-ending chatter, which clacks away like a windmill and quite stupefies one-stuff which a man may read for hours together without getting hold of a single clearly expressed and definite idea.

5/24

"거리를 두고 예의를 갖추며 존중하는 인간관계가 이상적이다."

우화 속 고슴도치는 어느 추운 날 온기를 나누려고 모여든다.

하지만 뭉칠수록 서로의 바늘이 찔러대서 어쩔 수 없이 흩어졌다.

하지만 너무 추워 다시 모일 수밖에 없었다.

모이고 흩어지기를 반복한 끝에,

고슴도치들은 서로 약간의 거리를 유지하는 게 가장 좋다는 걸 마침내 깨닫는다.

The fable is of certain porcupines, who huddled for warmth on a cold day; but with their quills, they were obliged to disperse. However the cold drove them together again, when just the same thing happened. At last, after many turns of huddling and dispersing, they discovered that they would be best off by remaining at a little distance from one another.

8/6

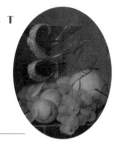

"무언가가 정말 어려워 못 하는가, 아니면 마음이 못 하게 시키는가."

생각이란 놈의 농간으로 일어나는 걱정과 열망은 육체적 고충보다 훨씬 더 우리를 지치게 한다. 로마 철학자 에픽테토스가 명쾌하게 설명했다.

"페르투르반트 호미네스 논 레스 입사이, 세드 데 레부스 데크레타, 인간을 훼방 놓는 건 사건 자체가 아니다, 그에 대한 자신의 결정이다."

Care and passion, thus the play of thought, wear out the body oftener and more than physical hardships. And in accordance with this Epictetus rightly says "Perturbant homines non res ipsæ, sed de rebus decreta."

라틴어

5/25

"의외성을 발견하는 여행처럼 인생에서 만나는 우연을 즐기라."

인생은 처음 멀찍이 보았을 때와 가까이 다가갔을 때 풍경이 달라지는 여행이다.

소망 역시 그렇다.

애초에 찾지 않던 걸 발견했는데, 처음 찾으려던 것보다 더 나은 경우가 많다.

Our life is like a journey, the landscape takes a different view from that which it presented at first, and changes again as we come nearer. This is just what happens-especially with our wishes. We often find something else, something better than what we are looking for.

8/5

"인간만 가진 쾌락과 즐거움의 원천이 특별한 고통까지 빚어낸다."

인간만 가지는 쾌락이라는 독특하고 고유한 원천.

인간의 생각이 만든 그곳은 고통이 태어나는 곳이기도 하다.

여타의 관심사 모두를 합친 것보다 더 강하게 인간을 차지해 버린다.

Above and beyond all, there is a separate and peculiar source of pleasure, and consequently of pain, which man has established for himself, also as the result of using his powers of reflection; and this occupies him out of all proportion to its value, almost more than all his other interests put together.

5/26

"당신의 하루 중에는 구질구질한 시간이 얼마나 되는가."

마음과 영혼이 공허한 자는 구질구질한 오락, 세간의 쾌락, 잡담에서 의지할 데를
찾는다. 특별할 게 없는 풍경이다.

남의 집 문간을 힐끗대며 험담하는 자, 하품하며 창밖을 내다보고 씹을 걸 찾는 이들이
얼마나 많은가.

*The kind of things people choose shows that they are not very particular, as witness the miserable pastimes they have recourse to, and
their ideas of social pleasure and conversation: the number of people who gossip on the doorstep or gape out of the window.*

8/4

"세상을 뒤덮는 악의 근원은 인간의 끝없는 의지와 욕망이다."

의지가 강하면 그것이 빚는 갈등도 더 커진다.

그 결과 고통도 커진다.

삶의 의지가 만드는 실체(허상)는 세상이 가진 것보다 훨씬 크고 강렬하다.

그러니 고통이 클 수밖에 없고, 그 결과 세상도 지옥처럼 변한다.

The more intense the will is, the more glaring is the conflict of its manifestation, and thus the greater is the suffering. A world which was the manifestation of a far more intense will to live than this world manifests would produce so much the greater suffering; would thus be a hell.

5/27

"배경이나 인맥을 들이대면서 거들먹대는 자를 경계하라."

논란에서 손쉽게 이기려는 자들의 주된 수법은 '권위'를 동원하는 것이다.

상대가 이성과 주장으로 미처 방어하기 전에 권위를 휘둘러 상대를 내리친다.

The weapon they commonly use in their controversies is that of authorities: they strike each other with it, and whoever is drawn into the fray will do well not to defend himself with reason and arguments.

8/3

"가지지 못한 걸 부러워 말고, 가진 것을 감사하고 지키라."

인생의 행복과 즐거움, 그것을 위해선 외부적 요소보다 주관적 요소가 훨씬 중요하다.

특히 건강은 모든 축복을 압도하는데,

건강한 거지가 병든 왕보다 행복하다고 분명 말할 수 있다.

Everything confirms the fact that the subjective element in life is incomparably more important for our happiness and pleasure than the objective. Health outweighs all other blessings so much that one may really say that a healthy beggar is happier than an ailing king.

5/28

"자기애로 똘똘 뭉친 폭력적 이기주의자를 피하라."

기회가 될 때마다 악행을 저지르고 그걸 내리누를 외부의 힘이 없으면 악한이 된다.

자기 의지를 관철하기 위해 힘을 키우고 방해하는 이들을 파괴한다.

이런 행동의 진짜 원천은 고도의 자기애다.

If a man is always disposed to do wrong whenever the opportunity presents itself, and there is no external power to restrain him, we call him bad. This is shown by the fact that he desires their powers for the service of his own will, and seeks to destroy their existence when they stand in the way of its efforts. The ultimate source of this is a high degree of egoism.

8/2

"바깥에 있는 것에 마음을 빼앗기지 말고 내면을 충실히 채워라."

지적 무감각은 바깥의 온갖 자잘한 것에 촉각을 세우고 반응한다.

그동안 내면 영혼은 텅 비어 공허해진다.

이것이 바로 권태의 근원이다.

바깥에 있는 것이 마음과 영혼을 차지할 구실을 만들어 준다.

Intellectual dullness is at the bottom of that vacuity of soul, a state of mind which betrays itself by a constant and lively attention to all the trivial circumstances in the external world. This is the true source of boredom, in order to have a pretext for giving the mind and spirits something to occupy them.

5/29

"호의가 지나치면 오히려 독이 된다는 것을 잘 기억하라."

너그럽게 대하면 어린애처럼 버릇이 없어지는 게 인간이다.

함부로 잘해주고 내어주지 마라. 돈 빌려달라는 부탁을 거절해도 친구를 잃진 않지만,

돈을 빌려주면 오히려 친구를 잃는 원리다. 거만하고 소홀해도 친구를 잃진 않지만,

과한 친절과 호의를 베풀면 나를 쉽게 보고 관계가 파탄 난다.

Men are like children if you spoil them, they become naughty. Not to be too indulgent or charitable with anyone. You will not lose a friend by refusing him a loan, but that you are very likely to do so by granting it; you will not readily alienate people by being somewhat proud and careless, but if you are very kind and complaisant towards them, you will often make them arrogant and intolerable, so a breach will ensue.

8/1

"시간을 죽이는 여가, 어리석은 문맹의 여가를 보내고 있는가?"

세네카가 말했다.

"오티움 시네 리테리스 몰스 에스트 엣 비비 오미니스 세풀투라,

문맹의 여가는 일종의 죽음으로서 살아 있는 무덤과 같다."

지적인 삶은 권태에서 우리를 자유롭게 하고, 권태가 주는 해로운 영향을 막아준다.

As Seneca says "otium sine litteris mors est et vivi hominis sepultura." Varying with the amount of the superfluity, there will be countless developments in this second life, the life of the mind; The life of the mind is not only a protection against boredom; it also wards off the pernicious effects of boredom.

라틴어

5/30

"당신이 누군가에게 행하는 일부가 다시 당신에게 돌아온다."

베이컨의 말은 설득력이 있다.

"아우닥테르 칼룸니아레, 셈페르 아리퀴드 아레; 엑시스티마티오 파르타 아푸드

플루리모스 포코룸, 진흙을 힘껏 던지면 자신에게도 일부가 달라붙는다, 칭찬 역시

마찬가지다."

There may be some truth in Bacon's remark "audacter calumniare, semper aliquid haeret; existimatio parta apud plurimos paucorum."

라틴어

AUGUST

A Dune Landscape (1643)
- Jacob Salomonsz. van Ruysdael

Work and Relax

8월 | 일과 휴식

그대 영혼이 마르지 않도록 잘 다독이기를

5/31

"현란한 말솜씨가 아닌 그 안에 담긴 핵심을 읽어라."

대화할 때 중요한 자질로 지성, 분별력, 위트와 생동감 등을 꼽는다.

대화의 형식을 구성하기 때문이다.

그러나 얼마지 않아 상대가 말하는 핵심, 상대가 지닌 지식의 가치에 집중하게 된다.

The chief qualities which enable a man to converse well are intelligence, discernment, wit and vivacity: these supply the form of conversation. But it is not long before attention has to be paid to the matter of which he speaks; in other words, the subjects about which it is possible to converse with him-his knowledge.

7/31

"내면의 힘이야말로 행복으로 나아가는 진정한 동력이다."

괴테는 '서동시집'에서 노래한다.

"폴크 운트 크네히트 운트 우버빈더, 지 게스텔렌, 주 예데르 자이트,

휘크트 클뤼크 데어 에르덴킨더, 자이 누어 디 페르쇤리히카이트,

백성, 하인, 위대한 자 모두 입을 모아 말한다. 최고 행복은 바로 인격이라고."

Goethe, in the 'West-östliclien Divan' says "Volk und Knecht und Uberwinder, Sie gestehen, zu jeder Zeit, Höchtes Glück der Erdenkinder, Sei nur die Persönlichkeit."

독일어

JUNE

River scene with ferry boat
- Jacob Salomonsz. van Ruysdael

Life' Attitude

6월 | 삶의 태도

어떤 인생을 살기 위해 애써야 옳을까?

7/30

"욕망이 부질없다는 걸 깨달은 평온한 울적함이 바로 행복이다."

인류가 갈망하던 모든 쾌락이 의미 없다는 생생한 확신으로 이끄는 숭고한 우울.

그것은 쾌활함과는 거리가 있지만, 세상의 환상에 가치를 두고 그걸 얻으려 몸부림치는

욕망의 조건보다 훨씬 더 행복한 마음 상태임에는 분명하다.

The sublime melancholy which leads us to cherish a lively conviction of the worthlessness of everything of all pleasures and of all mankind, but to feel that life is merely a burden which must be borne to an end that cannot be very distant, is a much happier state of mind than any condition of desire, never so cheerful, would have us place a value on the illusions of the world, and strive to attain them.

6/1

"허기진 저녁을 맞지 않기 위해 모든 순간을 충실하게 만끽하라."

우리 삶에서 일어나는 모든 일 중 '내 것'은 오직 지금, 이 순간뿐이다.

순간에 충실하지 않은 하루를 보낸다면

우리 영혼은 매일 저녁 조금씩 가난해질 따름이다.

Of every event in our life it is only for a moment that we can say that it is; after that we must say for ever that it was. Every evening makes us poorer by a day.

7/29

"내면의 힘이 강하면, 여간해서 바깥 것에 휘둘리지 않는다."

가치에 대해 확실히 깨달은 사람은 절망에 빠질 만한 고통 속에서조차

평온하게 앉아 있을 수 있다.

그곳에 즐거움이나 친구가 없어도, 홀로 평화로이 안식을 취한다.

The man who is assured of the secure consciousness of worth can sit down quietly under sufferings that would otherwise bring him to despair, and though he has no pleasures, no joys and no friends, he can rest in and on himself.

6/2

"무엇으로 인생의 성취와 명성을 얻고자 할지 잘 선택하라."

성취에는 행위와 작품 두 종류가 있을 것이다. 명성도 그렇다.

행위로 명성을 얻고자 하면 강한 심장이 필요하고,

작품으로 명성을 얻고자 하면 위대한 지성이 필요하다.

둘 다 장단점이 있지만, 큰 차이는 행위는 덧없이 사라지지만 작품은 남는다는 점이다.

Achievements may be of two kinds, actions or works; and so to fame there are two paths open. On the path of actions, a great heart is the chief recommendation; on that of works, a great head. Two paths has advantages and detriments; and the chief difference between them is that actions are fleeting, while works remain.

7/28

"욕망을 만족시킨다는 것은 애당초 불가능하다."

의지는 결핍 때문에 생겨나는 필요이며, 더 깊이 들어가면 고통에서 생겨난다.

필요 하나가 충족되면 다른 열 가지 필요는 방치된다.

욕망이 오래가며 무한한 동력인 데 반해서, 만족은 감질나게 짧고 모호하게 온다.

All willing arises from want, therefore from deficiency, and therefore from suffering. The satisfaction of a wish ends it; yet for one wish that is satisfied there remain at least ten which are denied. Further, the desire lasts long, the demands are infinite; the satisfaction is short and scantily measured out.

6/3

"크고 작은 온갖 성가신 것과 맞서는 전투가 바로 인생이다."

불행이 닥쳐도 할 수 있는 걸 하고, 기꺼이 견뎌야 한다.

삶의 자잘한 고민거리를 진짜 불행을 견디기 위한 연습이라고 여기고,

행복의 여정이 그것에 잠식되지 않도록 하라.

He will, first of all, do what he can, and then readily endure what he must. We may regard the petty vexations of life that are constantly happening, as designed to keep us in practice for bearing great misfortunes, so that we may not become completely enervated by a career of prosperity.

7/27

"점술, 주술, 운을 건 도박 따위에 에너지를 낭비하지 마라."

많은 이들이 현재를 경박한 사람들 속에 묻혀 보낸다.

그렇지 않으면 불안과 걱정을 안고 미래에 매달려 산다.

다가올 미래를 초조하게 점치면서, 희망찬 미래가 오면 행복해질 것이라는 망상에

사로잡힌다.

Many live too long in the present- frivolous people, others too much in the future, ever anxious and full of care. Those who strive and hope and live only in the future, always looking ahead and impatiently anticipating what is coming, as something which will make them happy when they get it.

6/4

"말이 아니라 행동에 담긴 상대의 진심을 측정하라."

될 수 있는 한 아무와도 척지지 마라.

하지만 나를 대하는 태도를 유심히 관찰하고 기억해서,

그에 따라 상대의 가치를 재고 그에 맞춰 감정을 조절해야 한다.

그것으로 지혜롭지 못한 친밀함이나 어리석은 우정에 빠지지 않게

자신을 보호할 수 있다.

If possible, no animosity should be felt for anyone. But carefully observe and remember the manner, so that you may take the measure of his value, at any rate in regard to yourself, and regulate your bearing towards him accordingly; Thus you will protect yourself against the results of unwise intimacy and foolish friendship.

7/26

"파충류의 두뇌 상태로 떨어진 자를 이성으로 상대하지 마라."

욕망과 열망이 솟구칠 때, 순식간에 완전히 사로잡힌다.

극도의 분노, 탐욕, 공포심 같은 감정이 밀려오면, 의식은 기능을 멈추기에 결과 같은 건 생각하지 못한다.

If any desire or passion is aroused in us, we, and in the same way the lower animals, are for the moment filled with this desire; we are all anger, all lust, all fear; and in such moments neither the better consciousness can speak, nor the understanding consider the consequences.

6/5

"집, 수입, 자산, 직업, 배우자… 넓은 행복의 기반이 불행을 예비한다."

행복을 위해 넓은 기반이 필요한 상황을 만들면,

사고가 일어날 기회도 잦고 언제고 삐걱대기 쉽다.

행복이라는 건축물이 넓은 대지 위에 세워지면 더 안전할 것 같지만,

실상은 그와 정반대다.

For happiness on such a foundation; it offers many more opportunities for accidents; and accidents are always happening. The architecture of happiness follows a plan in this respect just the opposite of that adopted in every other case, where the broadest foundation offers the greatest security.

7/25

"인간 본성이 갖는 잔인성의 실체를 직시하라."

동물 중 유일하게 인간만 아무 이유 없이 다른 존재에 고통을 가한다.

동물은 허기를 채우거나 불가피한 싸움이 아니면 그러지 않는다.

어떤 짐승도 단지 괴롭힘을 위한 괴롭힘을 하지 않는다.

오직 인간만 그렇게 한다.

Man is the only animal which causes pain to others without any further purpose than just to cause it. Other animals never do it except to satisfy their hunger, or in the rage of combat. No animal ever torments another for the mere purpose of tormenting, but man does it.

"무엇이 닥칠지 모를 인생, 그러므로 그저 충실히 살라."

우리는 막이 오르기 전 극장에 앉은 어린아이처럼 순진하게 인생을 고대한다.

실제 무슨 일이 벌어질지 모르는 게 얼마나 축복인가! 억울하게 몰린 죄수,

아직 죽지 않은 사형수, 아이는 자기 삶에 어떤 선고가 내려졌는지 아무것도 모른다.

We are like children in a theatre before the curtain is raised, sitting there in high spirits and eagerly waiting for the play to begin. It is a blessing that we do not know what is really going to happen. Could we foresee it, there are times when children might seem like innocent prisoners, condemned, not to death, but to life, and as yet all unconscious of what their sentence means.

7/24

"시간은 공평하다, 주고 빼앗으며 사라지게 한다."

시간은 모든 걸 사라지게 한다.

살려는 의지와 노력이 얼마나 헛된지 보여주는 형태, 우리 손에 쥔 걸 아무것도 아니게

만들어서 어떤 가치도 앗아가는 매개체다.

Time is that in which all things pass away; it is merely the form under which the will to live-the thing-in-itself and therefore imperishable-has revealed to it that its efforts are in vain; it is that agent by which at every moment all things in our hands become as nothing, and lose any real value they possess.

"완벽히 행복한 누군가를 부러워할 필요 없다.
세상에 그런 사람은 없으니."

수많은 미물처럼 인생 역시 아주 짧은 기간에 벌어지는 간절하고 위대한 활동일 뿐이다.

누구든 현재에서 완벽한 행복을 느낄 수 없다.

그런 사람이 있다면 뭔가에 취해 있을 뿐이다.

It is the same in the little span of life-great and earnest activity produces a comic effect. No man has ever felt perfectly happy in the present; if he had it would have intoxicated him.

7/23

"소원 리스트 같은 것을 적어두었는가? 그중 진짜 즐거움이 있는가?"

지적인 인간은 특징이 있다.

다른 이와 달리 소박한 하나만 더 필요로 한다.

읽고 관찰하고 공부하고 명상하고 실천할 수 있는 아주 약간의 방해 받지 않는 여가가
그것이다.

This characteristic of the intellectual man implies that he has one more need than the others, the need of reading, observing, studying, meditating, practicing, the need, in short, of undisturbed leisure.

"좋은 시절의 행복과 기억이 힘겹게 살아갈 날의 밑천이 된다."

건강하고 튼튼한 좋은 시절인 지금, 현재를 감사하고 즐기라.

고통과 결핍에서 자유로운 이 순간이야말로 곤궁하고 아플 때의 부러운 시절,

잃어버린 낙원, 추억으로 삼고 되새길 만한 소중한 기억이다.

We should be more likely to appreciate and enjoy the present, in those good days when we are well and strong, we did not fail to reflect how, in sickness and sorrow, every past hour that was free from pain and privation seemed in our memory so infinitely to be envied as it were, a lost paradise, or some one who was only then seen to have acted as a friend.

7/22

"불행은 우리 존재를 조이는 고통이며 언제든 닥칠 수 있다."

우리는 들판의 양과 같다.

어느 날 하나씩 선택되어 잡아 먹힐 줄도 모르고 즐겁게 노닌다.

좋은 시절의 우리는 악의 존재를 의식하지 못한다.

운명은 준비 중이다.

언제든지 질병과 가난을 주고, 몸이나 정신 기능 일부를 빼앗아 갈 준비를.

We are like lambs in a field, disporting themselves under the eye of the butcher, who chooses out first one and then another for his prey. So it is that in our good days we are all unconscious of the evil Fate may have presently in store for us-sickness, poverty, mutilation, loss of sight or reason.

"지혜로운 장수는 진짜 적이 외부가 아닌 내부에 있음을 안다."

진짜 우리를 두렵고 위험하게 만드는 일은 흉포함이 아닌 교활함의 모습으로 온다.

사자의 앞발보다 인간의 뇌가 더 위험하다.

진정 성숙한 인간은 망설이지도 않지만 절대 경솔하지 않다.

It is not ferocity but cunning that strikes fear into the heart and forebodes danger; so true it is that the human brain is a more terrible weapon than the lion's paw. The most finished man of the world would be one who was never irresolute and never in a hurry.

7/21

"죄나 비참함을 말하며 관찰자나 심판자처럼 굴지 마라."

세상과 인간이 저지른 죄악을 말할 때 왜 자신에겐 면죄부를 주는가.

서로 선생님, 경, 귀하라고 부르는 건 얼마나 역겨운가.

오히려 이렇게 불러야 마땅하리라.

"소치 말로룸, 콤파뇬 데 미제르, 악인의 동업자, 비참한 자들의 동반자!"

The conviction that the world and man is something that had better not have been, is of a kind to fill us with indulgence towards one another. From this point of view, we might well consider the proper form of address to be, not Monsieur, Sir, mein Herr, but my fellow-sufferer, "Soci malorum, compagnon de miseres!"

라틴어

6/10

"삶이 주는 것을 소재로 아름답고 숭고한 것을 만들고자 하는 태도가
필요하다."

연금술사는 금을 만들려는 과정에서 온갖 귀중한 것들을 발견했다.

화약, 도자기, 의약품, 숱한 자연법칙이다.

우린 모두 연금술사의 자세를 가져야 한다.

천재의 풍모와 사색적이고 숭고한 특성을 일상 안에 녹여야 한다.

*In their search for gold, the alchemists discovered other things-gunpowder, china, medicines, the laws of nature. There is a sense
in which we are all alchemists. It may need a process which lends them an air of genius, a trait of something contemplative and
sublime.*

7/20

"허영은 자존감의 적敵이며, 자기 가치를 세상의 갈채에 저당 잡힌다."

자존심은 자신을 향한 즉각적 이해로서 내면으로 작동한다.

그런데 허영은 무엇일까? 자존심을 타인에게까지 강요하는 것이다.

허영의 인간은 능변에 과시적이고 고집스럽다.

Pride works from within; it is the direct appreciation of oneself. Vanity is the desire to arrive at this appreciation indirectly, from without. So we find that vain people are talkative, proud, and taciturn.

6/11

"당신이 어떤 사람이든 가장 가치 있는 유일한 존재다."

인간은 오로지 의지의 현상이다.

그러므로 자기가 아닌 남이 되려 노력하는 건 부질없다.

남의 자질이나 특성을 모방하는 것은 남의 옷을 입는 것보다 구지레하다.

자기가 무가치하다고 여기는 것이기 때문이다.

The whole man is only the phenomenon of his will, try to become something else than one is a direct contradiction of the will itself. The imitation of the qualities and idiosyncrasies of others is much more shameful than to dress in other people's clothes; for it is the judgment of our own worthlessness pronounced by ourselves.

7/19

"세계와 존재에는 인과율만으로 설명할 수 없는 모순이 있다."

입에 담기조차 힘든 고통, 인간성의 절규, 악의 승리, 기회주의자의 경멸스러운 지배,
정의롭고 무고한 이들의 서글픈 몰락… 세계와 존재의 본질에 대한 중대한 암시가 바로
이런 것에 있다.

The unspeakable pain, the wail of humanity, the triumph of evil, the scornful mastery of chance, and the irretrievable fall of the just and innocent, is here presented to us; and in this lies a significant hint of the nature of the world and of existence.

6/12

"영혼이 담긴 작품이야말로 더 오래 더 위대하게 기억된다."

영혼의 위대함은 인간을 행복하게 하며, 행복한 생각은 작품에 찍혀 나온다.

그로써 진정한 존경을 얻고 수 세기 뒤 먼 후대의 가장 고귀한 이들에게 공부와 즐거움의

원천이 된다.

Greatness of soul is what makes a man happy, such as, when stamped on its productions, will receive the admiration of centuries to come, thoughts which make him happy at the time, and will in their turn be a source of study and delight to the noblest minds of the most remote posterity.

7/18

"고통과 후회와 걱정 없는 온전한 기쁨의 시간을 즐기라."

현재가 가치 있음을 깊이 깨닫고 고통과 성가심에서 벗어나 누리는 모든 순간을 기쁘게 만끽하라. 원하던 것을 얻지 못한 과거, 뭐가 올지 몰라 초조한 미래에 사로잡혀 미간을 찌푸리는 동안엔 그러기가 어렵다.

We should always be glad of it and enjoy every hour that is bearable by its freedom from pain and annoyance with a full consciousness of its value. We shall hardly be able to do this if we make a wry face over the failure of our hopes in the past or over our anxiety for the future.

6/13

"현재라는 이 순간은 얼마나 소중하고 귀하며 아름다운가?"

일찍이 세네카는 말했다.

"싱굴라스 다이스 싱굴라스 비타스 푸타, 내게 주어진 하루는 내게 주어진 평생과 같다!"

일생을 살듯 하루를 공들여 살기 바란다.

오직 현재만이 우리가 가진 유일한 실시간이니.

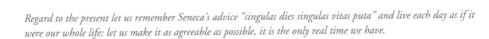

Regard to the present let us remember Seneca's advice "singulas dies singulas vitas puta" and live each day as if it were our whole life: let us make it as agreeable as possible, it is the only real time we have.

라틴어

7/17

"상처받는 영혼이 자기 자신을 파괴하지 않도록 조심하라."

극심한 정신적 고통에 휩싸이면 사람들은 자학한다.

마음을 다쳐서 머리칼을 쥐어뜯고 가슴을 치고 자기 뺨을 때리고 바닥을 구른다.

자기 몸을 향한 폭력은 견딜 수 없는 생각에서부터 정신을 빼내려는 몸부림이다.

In the case of keen mental suffering, we even inflict physical suffering on ourselves merely to distract our attention from the former to the latter. This is why, in great mental anguish, men tear their hair, beat their breasts, lacerate their faces, or roll on the floor, for all these violent means of diverting the mind from an unbearable thought.

6/14

"아름답고 비싼 옷보다 공손함과 예의로 자신을 치장하라!"

예의를 지키는 일은 지혜롭고, 무례하게 구는 일은 어리석다.

불필요하게 무례하게 굴어 적을 만드는 것은 자기 집에 불을 놓는 것처럼 미친 짓이다.

공손함은 거짓 위선과 명백히 다르며 절대 아낄 이유가 없다.

It is a wise thing to be polite consequently, it is a stupid thing to be rude. To make enemies by unnecessary and willful incivility is just as insane a proceeding as to set your house on fire. For politeness is like a counter an avowedly false coin, with which it is foolish to be stingy.

"지금, 이 순간이 바로 당신이 애타게 살고 싶던 그 삶이다."

훗날 돌이키면 놀랄 것이다.

평생 얼마나 되는 대로 살았던가.

즐기지 못하고 무심코 지나친 나날이 바로 내가 그토록 바라던 삶이었구나.

인간은 가련하게도 허망한 소망을 품고 죽음의 팔에 안겨 춤추는 존재로구나.

Most people will find if they look back, that they have lived their lifelong ad interim, that something they allowed to pass by unnoticed and unenjoyed was just their life-it was the very thing in the expectation of which they lived. And so it may be said of man in general that, befooled by hope, he dances into the arms of death.

6/15

"평범함이라는 아름다움을 발견하는 오늘 하루를 보내라."

왜 평범함이 경멸의 표현인가? 왜 비범함, 특별함, 특출함이 칭찬의 표현인가? 우리 주변의 흔한 것은 왜 경멸의 대상인가?

Why is 'common' an expression of contempt? And why are 'uncommon', 'extraordinary', 'distinguished' expressions of approbation? Why is everything that is common contemptible?

7/15

"명성을 갈망하다 시기심이라는 암흑에 빠지지 않도록 조심하라."

시기심은 얼마나 사악한 세속의 방식으로 작동하는가!

이탈리아 작가 아리오스토는 필멸의 인간에 드리우는 암연을 훌륭히 묘사한다.

"퀘스타 아사이 피우 오스쿠라 케 스레나 비타 모르탈, 투타 디인비디아 피에나,

평온하던 인간 삶이 일순 어둠으로 가득하니, 범인은 바로 시기심."

How great a part is played by envy in the wicked ways of the world! Ariosto is right in saying that the dark side of our mortal life predominates, so full it is of this evil: "questa assai più oscura che serena Vita mortal, tutta d'invidia piena."

이탈리아어

6/16

"여러 사람이 향하는 방향이 꼭 옳다고 할 수 없다."

최고의 재능에는 추종자가 적게 마련이니, 인간은 나쁜 것과 좋은 것을 곧잘 혼동한다.

일상다반사이며 치료할 수 없는 역병과 같다.

미련한 자가 현명해져야 마땅하나, 그런 일은 일어나지 않는다.

눈으로 보아도 마음으론 보지 못한다.

The best gifts of all find the fewest admirers, most men mistake the bad for the good, a daily evil that nothing can prevent, like a plague which no remedy can cure. The foolish must become wise, and that they can never be. The value of life they never know; they see with the outer eye but never with the mind.

7/14

"일상과 관계에서 지친 당신, 홀로 자연으로 숨어 조용히 쉬라."

열정, 욕망, 관계로 고통받는가.

그러면 자연과 자유롭고 편안히 접하는 시간을 가져라.

열정의 폭풍, 욕망과 두려움이 주는 압박감, 의지가 가져오는 불행 따위가 아주 경이롭게

단번에 잦아들고 치유되는 걸 알게 된다.

This is why the man who is tormented by passion, or want, or care, is so suddenly revived, cheered, and restored by a single free glance into nature: the storm of passion, the pressure of desire and fear, and all the miseries of willing are then at once, and in a marvellous manner, calmed and appeased.

6/17

"어리석은 자들 틈에 있으면 당신도 어리석게 되고 만다."

고장 난 시계만 있는 마을에 유일하게 정확한 시계를 가진 이가 있다.

오직 그만이 정확한 시간을 안다.

그러나 무슨 소용인가?

그의 시계만이 정확하다는 걸 아는 이들조차 거짓 시계를 따라 움직이건만.

He who can see truly in the midst of general infatuation is like a man whose watch keeps good time, when all clocks in the town in which he lives are wrong. He alone knows the right time; but what use is that to him? for everyone goes by the clocks which speak false, not even excepting those who know that his watch is the only one that is right.

7/13

"늘 좋은 면만 보이는 사람은 오히려 경계하라."

사람은 달과 같기에 당신에게 한쪽 면만 보여준다.

사람은 표정을 꾸며서 가면을 만드는 데 천부적 재능이 있으니, 항상 진짜 같다.

잘 계산된 모습이 생생하게 잘 어울리기에 기만 효과도 뛰어나다.

People are like the moon; they show you only one of their sides. Every man has an innate talent for mimicry for making a mask out of his physiognomy, so that he can always look as if he really were what he pretends to be; and since he makes his calculations, the appearance he puts on suits him to a nicety, and its effect is extremely deceptive.

6/18

"무언가 성취한 다음으로 미루지 마라, 매일 매 순간 즐거워하라."

마음의 평화! 이것이야말로 현재의 즐거움을 누리기 위한 필수 요건이다.

인생이라는 행복은 그 자체로 끝이 있다.

그러므로 우리는 매 순간 주어지는 즐거움을 온전히 누려야 한다.

Peace of mind! that is something essential to any enjoyment of the present moment; and unless its separate moments are enjoyed, there is an end of life's happiness as a whole.

7/12

"휘둘리고 방해받는 마음을 평온하게 하라"

욕망과 기대에 휘둘릴수록, 그것이 이뤄지지 않을까 두려워하며 마음의 평화를 해치게 된다. 우리가 사랑하는 괴테의 시 '베니타스 베니툼 베니타스, 헛되고 헛되고 헛되도다!'의 첫 소절은 노래한다. "이히 합 마인 자크 아우프 니히츠 게슈테트, 이제야 드디어 내가 마음 둘 데 아무 곳 없도다."

The less our peace of mind is disturbed by fear, the more likely it is to be agitated by desire and expectation. This is the true meaning of that song of Goethe's 'Vanitas! Vanitatum Vanitas' which is such a favorite with everyone "Ich hab' mein' Sach' auf nichts gestellt".

독일어

6/19

"혼자가 더 좋다, 유머와 웃음이라는 귀한 자산을 맘껏 써라."

하등동물은 혼자든 함께든 웃는다는 개념이 없다.

플라톤 '대화'에 나오는 농부 출신 현자 마이슨은 유명한 염세주의자다.

어느 날 그가 혼자서 웃고 있는 걸 사람들이 발견하곤 깜짝 놀라 물었다.

"혼자밖에 없는데 왜 웃으십니까?" 마이슨이 답했다. "그래서 웃는 걸세."

The lower animals never laugh, either alone or in company. Myson, the misanthropist, was once surprised by one of these people as he was laughing to himself. Why do you laugh? he asked; there is no one with you. That is just why I am laughing, said Myson.

7 / 11

"사라진 것에 사로잡히지 마라, 가장 위대한 현재를 살아라."

한 번 존재한 것은 더 이상 존재하지 않으며,

절대 존재하지 않은 것과 똑같이 지금 존재하지 않는다.

지금 존재하는 것은 곧 이미 존재한 것이 된다.

아무리 하찮아도 현재에 속한 것이 크게 의미 있어 보이는 과거보다도 훨씬 우월한

까닭이다.

What has been exists no more; and exists just as little as that which has never been. But everything that exists has been in the next moment. Hence something belonging to the present, however unimportant it may be, is superior to something important belonging to the past.

6/20

"사소한 괴로움에 걸려들지 않도록 자신을 보호하고 아껴라."

누가 얼마나 행복한지 측정하려면,

기쁜 일이 얼마나 많냐가 아니라 괴로운 일이 얼마나 많냐고 물어야 한다.

사소한 거슬림이 적을수록 더 행복하기 때문이다.

To estimate a man's condition in regard to happiness, it is necessary to ask, not what things please him, but what things trouble him; and the more trivial these things are in themselves, the happier the man will be.

7/10

"생각을 온통 차지한 과거나 미래보다 더 중요한 것은 현재다."

눈으로는 멀리 떨어져 작아 보이는 것이 생각의 눈에는 훨씬 커 보인다.

오직 현재만 진실하고 실재한다.

완전한 현실성을 갖는 유일한 시간이며, 우리가 존재할 수 있는 하나뿐인 장소다.

Distance, which makes objects look small to the outward eye, makes them look big to the eye of thought. The present alone is true and actual; it is the only time which possesses full reality, and our existence lies in it exclusively.

6/21

"권위, 명예, 명성 따위에 휘둘려 자신을 잃어버려선 곤란하다."

지혜로운 자가 생전에 아주 넓고 멀리까지 큰 명성을 얻으면,

그것에 큰 의미를 부여하지 않으리라.

운 좋은 어느 날 우연히 자기에게 와닿은 목소리 메아리에 불과하다는 걸 알기에.

If a man is famed far and wide in his own lifetime, he will, if he is wise, not set too much value upon it, because it is no more than the echo of a few voices, which the chance of a day has touched in his favor.

"밝고 훌륭하고, 울적하고 굼뜨고 어리석은 것 모두 당신이다."

밝고 좋은 순간을 기억하라.

그걸 우울하고 둔감하고 어리석을 때, 올바른 행동을 하도록 교과서로 삼아라.

우울하고 굼뜨고 바보 같았을 때를 기억하라.

그걸 밝고 기쁠 때 겸손함을 가르칠 선생님으로 삼아라.

The bright and good moments of our life ought to teach us how to act aright when we are melancholy and dull and stupid, by preserving the memory of their results; and the melancholy, dull, and stupid moments should teach us to be modest when we are bright.

6/22

"주어진 걸 바꿀 수 없다면, 그걸 대하는 태도로 행복할 수 있다."

우리의 재산이나 명성에 관여하는 게 운명이라 한다면, 행복에 크게 관여하는 주인공은 바로 우리가 어떤 사람이냐, 즉 우리 인성임이 분명하다.

It is clear, then, that our happiness depends in a great degree upon what we are, upon our individuality, whilst lot or destiny is generally taken to mean only what we have, or our reputation.

7/8

"반성한다면 행동을 의지와 일치시켜라, 양심의 가책은 소용없다."

나 자신이 바로 시간과 변화 밖에 놓인 의지다.

그러므로 나의 의지에 반대로 행동한 것을 회개할 순 있어도,

내가 가진 의지 자체를 회개할 순 없다.

잘못된 생각에 이끌려 의지에 부합하지 않는 일을 한 게 문제다.

그에 대해 통감하는 것이 바로 진정한 회개다.

I myself am this will which lies outside time and change. I can therefore never repent of what I have willed, though I can repent of what I have done; because, led by false conceptions, I did something that was not in conformity with my will. The discovery of this through fuller knowledge is repentance.

6/23

"정말 좋아한다면 오합지졸들의 훼방 따위에 흔들리지 마라."

무언가를 사랑하고 그저 즐거워서가 아니라, 오직 야망 때문에 행하는 자는 불멸의
업적을 남길 수 없다.

정말 좋아서 행한다면, 다수의 의견을 거스를 준비가 되어 있어야 한다.

아니, 오히려 그자들을 경멸해야 마땅하다.

평판에 신경 쓰느라 일을 그르쳐선 안 된다.

Those who labor, not out of love for their subject, nor from pleasure in pursuing it, but under the stimulus of ambition, rarely or never leave mankind a legacy of immortal works. The man who seeks to do what is good and genuine, must avoid what is bad, and be ready to defy the opinions of the mob, even to despise it and its misleaders.

7/7

"후회는 아무것도 창조하지 못하며 아무 힘도 없다."

안정, 행복, 쾌락을 가져다줬을지 모를 기회를 그냥 흘려보낸 걸 떠올리며, 얼마나 많은 이들이 어리석게도 후회하는가? 남은 건 무엇인가? 그저 기억이라는 유령뿐이다.

How foolish it is for a man to regret and deplore his having made no use of past opportunities, which might have secured him this or that happiness or enjoyment! What is there left of them now? Only the ghost of a remembrance!

"이론과 주장만 있고 경험이 없다면 진짜 인생이라 할 수 없다."

세상을 경험하는 것이 본문이라면, 자신만의 통찰과 지식이라는 해설을 덧붙일 수 있다.
경험은 없고 통찰과 지식만 가득한 삶은 마치 모든 페이지마다 달랑 두 줄의 본문에
마흔 줄의 주석과 해설이 너절하게 달린 책과 같다.

Experience of the world may be looked upon as a kind of text, to which reflection and knowledge form the commentary. Where there is great deal of reflection and intellectual knowledge, and very little experience, the result is like those books which have on each page two lines of text to forty lines of commentary.

7/6

"강한 자는 부러지고 높아지면 무너지는 이치를 알라."

모든 영웅은 삼손과 같다.

강자일수록 약자들과 그들의 호기심에 무릎을 꿇는다.

사소해 보이는 것에 인내심을 잃고 상대와 자기 자신까지 으깨버린다.

소인국 릴리풋에 간 걸리버처럼 엄청난 수의 소인들에게 압도당하고 만다.

Every hero is a Samson. The strong man succumbs to the intrigues of the weak and the many; and if in the end he loses all patience he crushes both them and himself. Or he is like Gulliver at Lilliput, overwhelmed by an enormous number of little men.

6/25

"자기 완결적인 충만한 삶을 살기 위해 내면의 힘을 채우라."

지성이 있는 사람은 피아노처럼 하나의 악기로도 작은 오케스트라의 놀라운 연주를
해낸다.

자기 내면에 작은 세계가 존재하기에 동시에 여러 악기 역할을 하면서,

의식의 통합성으로 아름답게 음악을 빚어낸다.

A man of intellect is like an artist who gives a concert without any help from anyone else, playing on a single instrument-a piano, say, which is a little orchestra in itself. Such a man is a little world in himself; and the effect produced by various instruments together, he produces single-handed, in the unity of his own consciousness.

7/5

"당신 인생의 점수판은 누가 매기고 있는가? 당신인가 타인인가?"

우리는 반사적으로 '사람들이 뭐라고 할까?'를 떠올린다.

인생에서 문제와 괴로움의 절반은 타인이 매긴 점수판에 전전긍긍해서 생겨난다.

자존감 밑바닥에 달라붙은 불안이라는 감정은 병적으로 매우 예민하기에

곧잘 수치심으로 이어진다.

In all we do, almost the first thing we think about is, what will people say, and nearly half the troubles and bothers of life may be traced to our anxiety on this score; it is the anxiety which is at the bottom of all that feeling of self-importance, which is so often mortified because it is so very morbidly sensitive.

6/26

"반짝이고 유혹적인 것이 아닌 오래 빛날 자기 가치를 만들라."

작가는 운석, 행성, 항성으로 분류할 수 있다.

운석은 순간 번쩍이며 모두가 우러르며 울게 한다.

그러곤 영원히 사라진다.

항성만이 지속되는 유일한 것으로, 체계나 국가에 국한되지 않고 우주적 가치를 품는다.

Writers may be classified as meteors, planets and fixed stars. A meteor makes a striking effect for a moment. You look up and cry There! and it is gone for ever. Fixed stars are the only ones that are constant; They belong not to one system, one nation only, but to the universe.

7/4

"타인을 향한 염려와 친절한 마음은 인간 본연의 아름다운 감정이다."

스피노자는 말한다. "베네볼렌치아 니힐 알리우드 에스트, 쿠암 쿠피디타스 엑스
콤미세라치오네 오르타, 친절은 연민에서 피어나는 마음이다."

여러 언어에서 순수한 사랑을 뜻하는 단어와

연민을 뜻하는 단어가 일치하는 걸 알 수 있다.

이탈리아어 '피에타'는 순수한 사랑과 연민을 동시에 의미한다.

Spinoza says "Benevolentia nihil aliud est, quam cupiditas ex commiseratione orta." As a confirmation of our paradoxical proposition it may be observed that the tone and words of the language and caresses of pure love, entirely coincide with the tones of sympathy; and we may also remark in passing that in Italian sympathy and true love are denoted by 'pietà.'

라틴어

6/27

"안다고 생각하는 것과 진짜 아는 것의 차이를 구분하라."

어눌하고 소박해도 자기 말에 가치를 부여할 충분한 지식이 있다면 괜찮다.
스페인 속담은 말한다.
"마스 사베 엘 네시오 엔 수 카사, 케 엘 사비오 엔 라 아헤나,
방구석의 바보가 바깥의 현자보다 더 많이 안다."

It will be just the opposite, however, if a man is deficient in these formal qualities, but has an amount of knowledge which lends value to what he says; for, as the Spanish proverb has it "mas sabe el necio en su casa, que el sabio en la agena."

스페인어

7/3

"이해하기 어렵지만 질투와 시기심이야말로 인간 본성이다."

샤덴프로이데, 즉 다른 사람의 불행을 보는 짓궂은 기쁜 감정은

인간 본성에 나쁜 특질로 남아있다.

본래 정의감 혹은 자선의 진짜 원천인 연민이 있어야 할 자리를 대신 차지해 버린다.

It is 'Schadenfreude', a mischievous delight in the misfortunes of others, which remains the worst trait in human nature. In general, it may be said of it that it takes the place which pity ought to take-pity which is its opposite, and the true source of all real justice and charity.

6/28

"삶이 무엇을 주느냐가 아니라, 당신이 어떻게 하느냐가 중요하다."

어렸을 때 낡은 책에서 다음 글귀를 읽었다.

"많이 웃으면 행복하고, 많이 울면 불행하다." 의심의 여지 없이 단순한 진리다.

In my early days I once opened an old book and found these words: If you laugh a great deal, you are happy; if you cry a great deal, you are unhappy, a very simple remark, no doubt.

7/2

"쾌락과 고통의 기억은 정확하지 않으며 지성의 대상도 아니다."

희로애락은 마음의 관념이 아니라 의지의 작용이다.

따라서 기억의 영역에 남지 않는다.

희로애락 자체는 회상할 수 없고, 단지 그때의 관념만 회상할 뿐이다.

과거에 대한 감정이 과거의 평가 기준이 되는 것이다.

Joy and sorrow are not ideas of the mind, but affections of the will, and so they do not lie in the domain of memory. We cannot recall our joys and sorrows; We can recall only the ideas that accompanied them; and, in particular, the things we were led to say, and these form a gauge of our feelings at the time.

"먼 훗날까지 당신의 이름이 기억되길 소원하며 임하라."

당대의 칭송이 사후까지 이어진 경우가 드문 이유는 분명하다.

프랑스 수학자 달랑베르는 저세상에 있을 '문예 명예의 전당'을 실감 나게 묘사한다.

그곳에는 생전엔 근처에도 가보지 못했던 망자들이 다수이며,

죽음과 함께 거의 쫓겨날 뻔한 아주 소수의 살아 영광을 본 자들이 있다.

It is easy to see why contemporary praise so seldom develops into posthumous fame. D'Alembert, in an extremely fine description of the temple of literary fame, remarks that the sanctuary of the temple is inhabited by the great dead, who during their life had no place there, and by a very few living persons, who are nearly all ejected on their death.

7/1

"당신을 괴롭게 만들려는 바보들의 수작에 말려들지 마라."

우연히 누군가의 대화를 듣다가 그들의 아둔함에 짜증 난 적 있는가?

그럼 그냥 코미디 속 바보들의 대화를 들었다고 생각하라.

"프로바툼 에스트, 이미 검증한 좋은 방법이다."

If you feel irritated by the absurd remarks of two people whose conversation you happen to overhear, you should imagine that you are listening to a dialogue of two fools in a comedy. "Probatum est."

라틴어

6/30

"주연이든 조연이든 단역이든, 당신에게 맡겨진 역할을 해내라."

행복하고 똑똑하고 오래 살기를 모두 바라는 인간은 뻔뻔하다.

빛나고 이기는 위대한 역할만 하고 싶어 하는 어리석은 배우와 같다.

무엇을 얼마나 하느냐가 아니라, 주어진 역할을 '제대로' 하느냐가 훨씬 중요하다.

Men who aspire to a happy, a brilliant and a long life, are like foolish actors who want to be always having the great parts, the parts that are marked by splendour and triumph. They fail to see that the important thing is not what or how much, but how they act.

JULY

An Estuary Scene With Smalschips On A Broad Reach Before A Gentle Breeze
- Jacob Salomonsz. van Ruysdael

Caring for the Mind

7월 | 마음 돌보기

감정이 널을 뛰고 시시각각 흔들릴 때

쇼펜하우어 아포리즘 365 일력

초판 1쇄 발행 2024년 9월 2일

지은이 아르투어 쇼펜하우어
펴낸이 정덕식, 김재현
펴낸곳 (주)센시오

출판등록 2009년 10월 14일 제300-2009-126호
주소 서울특별시 마포구 성암로 189, 1707-1호
전화 02-734-0981
팩스 02-333-0081
메일 sensio@sensiobook.com

책임 편집 이은정
디자인 Design IF
경영지원 임효순

ISBN 979-11-6657-160-2 00190

가격 21,000원

00190

ISBN 979-11-6657-160-2 (00190)

소중한 원고를 기다립니다. sensio@sensiobook.com